सत्य दर्शन

(कविता-संग्रह)

सत्य दर्शन

कुमार मिथिलेश प्रसाद सिंह

वाणी प्रकाशन ग्रुप | भारतीय ज्ञानपीठ

वाणी प्रकाशन : भारतीय ज्ञानपीठ की पुस्तकों के एकमात्र प्रकाशक एवं वितरक

Email : sales@vaniprakashan.in

पेपरबैक पहला संस्करण : 2024

लोकोदय ग्रन्थमाला : ग्रन्थांक 1460

प्रकाशक
वाणी प्रकाशन ग्रुप
4695, 21-ए, दरियागंज, नयी दिल्ली-110 002
फ़ोन : 011-23273167, 23275710
ईमेल : sales@vaniprakashan.in

ISBN : 978-93-5775-738-6

सत्य दर्शन
(कविता-संग्रह)
कुमार मिथिलेश प्रसाद सिंह

SATYA DARSHAN
(Poetry Collection)
by Kumar Mithilesh Prasad Singh

मुद्रक : आर. टेक ऑफ़सेट प्रिंटर्स, दिल्ली-110 032

Price : INR. 395

बच्चों को, जो रसामृत से पगा जीवन-बोध भोगते हैं,
बाल-सुलभ सहजता से और कराते हैं,
सुख और जीवन दर्शन का अहसास कौस्तुभ्य चेष्टाओं से।

आत्मकथ्य

'सत्य-दर्शन' का अभिप्राय जीवन की विभिन्न अवस्थाओं में विभिन्न मोड़ों पर देखी-सुनी घटनाओं की कौतूहलपूर्ण प्रस्तुति से है। यों तो इंद्रियों के द्वारा समस्त घटनायें स्वानुभूत होती है, किन्तु अभिव्यक्ति के स्तर पर उसकी प्रस्तुति अति सीमित होती हैं। नित्य प्रति देखी-समझी घटनायें भी आँखों से ओझल हो सकती हैं। ऐसी स्थिति में उन घटनाओं को चाक्षुष बनाने के लिए विशेष साहित्यिक कला की आवश्यकता होती है, जिसे काव्य-कला कहा जाता है। इस पुस्तक में ऐसी ही कविताओं का संग्रह है, जो भाषा, अभिव्यक्ति, बिम्ब-विधान, उपमान जैसे काव्य क्षेत्रों में अलग स्वाद एवं साहित्यिक दृष्टिकोणों से पाठकों को नवीनता से अवगत करायेंगे। ये सभी कवितायें यथार्थ के ठोस धरातल पर रची गयी हैं, इसीलिए इसमें बनावटीपन कहीं नहीं दिखेंगे। हाँ, शब्द-विन्यास एवं अर्थ-निष्पत्ति गहरे और यथार्थ की भाव-भूमि पर की गयी है, जिसे सहज ही अनुभव करेंगे।

'दंगल-दर्शन', 'भिखारियों का झगड़ा' वस्तुतः सत्य-दर्शन का सीधा-साधा उदाहरण है।

इन कविताओं में अनुसंधान एवं विज्ञान के चमत्कार के उपरान्त सृजित नव-हालात में बच्चों से जुड़ी चिन्तायें भी हैं, जो पारंपरिक मान्यतायें एवं तिलस्मों के टूटने के कारण उत्पन्न हुई हैं। जैसे चाँद के प्रति पूर्वाग्रह और अद्यतन जानकारियों को समझा जा सकता है।

शहरीकरण, महँगाई, स्वभावतः मन की उड़ान को लेकर रची कविताओं में शिल्प से लेकर शब्द-विन्यास तक में नवीनता का समाहार किया गया है। कुछ कवितायें अगंभीर श्रेणी की भी हो सकती हैं, जिनमें हो सकता है कि अपेक्षित भावात्मक ऊँचाई की अनुभूति नहीं हो। ऐसा होना स्वाभाविक है। सृजनशीलता के साथ-साथ मनोविकारों का भी बाहर आना वैसे ही स्वाभाविक है जैसे हीरे को तराशने के दौरान उनकी कणिकाओं का होना अथवा खनिजों के निष्कर्षण के दौरान अयस्कों, स्लैगों का शुद्धिकरण की प्रक्रिया में बाहर आना। अतः उक्त कारणों से

रचना में यदि कमी की झलक मिले तो क्षमायाचना।

सभी कविताओं पर संक्षिप्त चर्चा अनपेक्षित है। सुधी पाठकों की अनुभूति एवं प्रतिक्रिया के लिए महत्तर भार उन पर ही छोड़ता हूँ।

कुछ कवितायें गतिशीलता के प्रतीक हमारी नई जीवन-शैली को लेकर भी रचित हैं जैसे—फैशन का प्रभाव, तंबाकू का खैनी के रूप में इस्तेमाल पर रचित कवितायें। भारतीय जीवन पद्धति की परंपराओं से जुड़ी कवितायें नये अहसास देगें जैसे कलेवा लेकर जाने की परंपरित व्यवस्था में देर होने पर उत्पन्न होने वाली स्थितियों अथवा साग तोड़ने जाने वाली बालाओं के आते-जाते प्रेम के प्रभाव में आ जाने से उत्पन्न भावात्मक व सामाजिक स्थितियों पर रचित कवितायें। खान-पान एवं प्रेमातिरेक में मिलने-जुलने की उत्कंठा वशीभूत बदलती विचारधाराओं की भावभूमि पर अलग-अलग प्रकृति की कवितायें भी लोक-सेवा में समर्पित हैं। बच्चों की उत्सुकताओं से जुड़ी कवितायें मन को गुदगुदायेंगी अथवा अतीत की स्मृतियों में अवश्य ले जायेंगी, जैसे— कुत्तों के साथ बच्चों का व्यवहार, बुढ्ढों को चिढ़ाने हेतु 'भैंसवा बिअइलो बाबा' जैसे प्रश्न, घोघरा काटने अथवा हवा छोड़ने पर बाल-मानस पर पड़ने वाले प्रभाव, पंडितजी को चिढ़ाने हेतु जुगुप्सित वाक्यांशों का प्रयोग एवं चप्पल ले भागने की कार्रवाई पर रचित कविताओं को इस श्रेणी में रखा जा सकता है।

चूँकि हर-हाल में एक सत्य स्थिति या हालात को हम जी रहे हैं। इसलिए जरूरी है कि उसके चित्रण को काव्यात्मक स्वरूप देकर हम सत्य का दर्शन करायें, इसलिए इस पुस्तक का नाम 'सत्य का दर्शन' रखा गया है।

सुधी पाठकों से त्रुटियों एवं अनपेक्षित अभिव्यक्तियों के लिए क्षमायाचना चाहूँगा । उम्मीद है कि इस पुस्तक की कविताओं को पढ़कर अपने स्वाद की खराद पर तराशने की कोशिशें अवश्य की जायेंगी ।

प्रतिक्रियाओं व आलोचनाओं के लिए स्वागत के द्वार सदैव खुले हैं, खुले रहेंगे।

—कुमार मिथिलेश प्रसाद सिंह
विशेष कार्य पदाधिकारी,
राज्यपाल सचिवालय, बिहार, पटना

अनुक्रम

नजर उतारन

नजर गुजर बौआ के लग गई, तब इतना ओझराईल।
किस पुतखौकी के मंतर से, बौआ मोर झौराईल॥
ऐ नन्हकी के मम्मी एकरा नजर उतारअ जल्दी।
पता नहीं, काहे के इतना कैसे यह बौड़ाईल॥
आज तलक यह कभी नहीं रोयी थी कलप-कलपकर।
ममता आती है रुआँसी हो रोने की ले तड़पन॥
दिल तो हदस-हदस कहता है, बाण पेष दी डाईन।
बौआ के मौसी ले एकरा ओझा-गुणी बुलाईब॥
पापा घर से निकला, मम्मीजी निकली खौताईल।
हँसिया में रूई लपेट तेल चुपड़ नजर उतराईल॥
जैसे-जैसे छन्-छन्-छन् लौ पे रूई जलती।
बौआ थपकी खा सुबकी ले-लेकर रोती जाती॥
रूई जलकर राख हो गयी, तेल टपककर रीता।
अंत समय लौ भक् कर बुझ गई रच गई शंका गीता॥
तब तक पापा के संग दौड़े ओझा-गुणी भी आईल।
थोड़ा सा झटका था, बोला अब सब ठीक है साहिब॥

चन्दा मामा का सच

मेरी प्यारी मम्मी सुन
दादी झूठ बहुत कहती है
'बहुत दूर है चन्दा मामा'
यही रटी कहती है
कहती है खूब कथा बनाकर
मैं सच जान गई हूँ
पत्थर का मामा है, निष्ठुर
पत्थर मान चुकी हूँ।
कहते गुरुजी पास आ गई
अब सबके हाथों तक
दूर नहीं अब रही वो चंदा
देखो इसी जमीं पर
कैसा रूप सलोना?
कैसे रंग से रंगी हुई है
दृष्टिबंध की जादू रचित है,
जग को बाँध रखी है।
कैसे रश्मि की जुल्फों से
दुनिया उलझी रहती
खेल खेलावे मृदु हास्यमय
चंचल चित्त सुखमय करती
शीतलता कैसे उर में
सुधावृष्टि करती है

अजीब, सजीव हो जीवन का
संग्राम जीवित रखती है
कहते हैं—है चाँद पर्वतों का
एक लघु उपग्रह
करते हैं ज्वालामुखी इस पर
नित् दिन-रात उपद्रव
इसपे भी कीमती अयस्कों के
ढेर हैं छुपे-छुपाये
जैसे-जैसे हाथ पहुँचे
सच सब हाथ में आये
चंद खिलौना से अब लगता
नेह भी टूट रहा है
पुरजा-पुरजा परख-परख
मानव-मन देख चुका है
अब मन भरा खिलौना है यह
काम की चीज नहीं है
पहले-सा, बचपन बहलाना
अब आसान नहीं है।
चिर संचित स्मृतियाँ, आशायें
सब गुमा गयी हैं।
अमृत घट का प्रेम छलक कर
अब छल कर बैठा है।
गोपन मंतव्यों से रूप टटोले
ठगा पड़ा है।
अब वह और आस से
चंद खिलौना देख रहा है
टूटी आस अब जुड़ी की जुड़ी
बचपन सोच रहा है।
कहाँ गलत हैं हम ?
कि मामा वैर निकाल रहा है।

चन्द्र–दर्शन

दादी–नानी सब झूठी हैं, चन्दा मामा आ, आ रे;
अपने भांजा–भांजी खातिर, क्या सच है यह बतला दे।
तेरी गवाही पर निर्भर है बचपन की किलकारी
कहने वालों की बातें सुन भरती है सिसकारी
यदि सच है कहना सब जन का, तब होंगी वे झूठी
दादी–नानी की बातें सच हों, हैं इसकी भूखी
झूठी बातें सुनते–सुनते भ्रम को ही सच जानें
चन्दा मामा आ बचपन हित जो है सच बतला दे।
आज समस्या आ पहुँची है नव लोरी नित रचना
बच्चों के चित्त में सुधि आकर्षण मूर्तिवत, रखना
बार–बार वह इधर–उधर देखे एकटक नहीं देखे
शायद ढूँढ़ रहे विकल्प उसका हुलिया दिखला दे।
पहले की झूठी बातों में अचूक–दृष्टि शायद थी
नेहसिक्त नंगा सच छुप नित दर्शन से पगती थी
प्रेम–सुधा बरसाती तृष्णा को ढाढ़स बँधवाये
तभी देखते चाँद दूध पीते बच्चे मुस्काते
चन्दा मामा आकर सच का शक्ल–ओ–सूरत दिखा दे
निर्जन होती नौनिहाल का बाग पुनः हरिया दे।

पटना देखने की जिद

पढ़े लिखे सीरत के सूरत दिखा दअ,
बाबूजी, बाबूजी पटना दिखा दअ।
गाँधी मैदान बड़ा लगता है प्यारा,
हर कोई घूम-घूम के देखे नजारा
पटना का नाज आसपास ही है गोलघर,
गंगा-घाट चलअ देखअ आरती, संकीर्तन

बस, थोड़ी दूरी पे ही ताराघर है,
मंगल, शनि, बुध की कैसी दशा है
अब तक न मालूम! मजा बदमजा है,
बहुत दिन ठगलअ हअ अब तअ दिखाबअ।
पहले उपग्रह आई कल्पना में,
फिर कल्पना ले उड़ी है उपग्रह
छोड़ झाड़ू-बेलन कलम हाथों में दे,
बाबूजी उनसे मत रखिहअ दुराग्रह।
डर छोड़ी, घर छोड़ चल दी शिखर पर,
डगर चलते जेकरा देख फिसले दिखा दअ।

निमन-निमन पोस्टर जेकर चिपकल रहे बाबू,
उहे माधुरी के सिनेमा दिखा दअ
जीवन के सर्कस में आदमी है जोकर,
पड़े किसके पीछे कौन, कोई न जाने।
कई पिंजड़े भावनाओं के होते,

खुले, बन्द जादू की छड़ी सबको नचावे।
भाग्य कैसे लिखल जाए आदमी के हाथ में,
बड़ा भाग लगे हाथ कैसे करतूत से ?
बरकत सौभाग्य की हो, भावना हो वश में,
पूरने को हसरत उचित कसरत सिखा दअ
माता के प्रेम बिना आदमी जनावर,
औरत के साथ बिना कोमल न भावना।
तंग दायरा होता है मर्दों का ही,
बिना दिए प्रेम करे पाने की कामना।
माई बिना बचपन अंकुरकर मुरझाता,
बाप सँभाले तो भी वनचर हो जाता।
हूकता कैशोर्य और जवानी, बिना प्रेम,
सरस प्रेम बिना छवि अ-जाना हो जाता।

कैसे विकलता को समझे जमाना,
भूख प्यास बुझअ जोश-ओ-जवानी तराशअ।
हम बाबू हैं बावले ही जनम से,
करम से हैं छोटे, डरे थोड़े भ्रम से।
कहते हैं 'पागल' सयाने हँसी में,
बचपन है प्रेम का वणिज तोले मन से
भाव देख भाव देता और प्रेम लेता,
हँसकर वो भावना में बहाकर ले जाता
निर्जन वीराने में, जंगल, मैदान में,
आदमी को सुख-दुख के दर्पण के सामने
खूब ठगलअ अब तक घूमावे के नाम पर,
अबके दशहरा में पटना घूमा दअ।
कैसे होवे रावण के वध राम-लीला में,
रावण का पुतला जले गाँधी मैदान में
पंद्रह अगस्त का परेड अबकी जरूर देखब
नै तअ छब्बीस जनवरी के परेड देखव अगले बरस चिड़ियाघर,
संग्रहालय पटना के धरोहर
गुरु गोबिंद साहिब के मंदिर अतीव मनोरम

अब तक तो सुनले सुनल छाप पड़ी बचपन पर
इन सब के देखे के आस टिकी तोहरे पर
बाकी, सोचअ बापू कि कैसे ये सब दिखाएब
डॉटअ, चाहे मारअ अबकी हमरा भी जिद्द देखअ हिचक छोड़अ,
कमर कसअ पटना दिखावे लअ।

दुखितों का जीवन

नाच दिखाने भालूवाला, बन्दरवाला आया
देख, मदारी वाला आया जादू कर दिखलाया।
जंतर में भरने को भालू बाल दिया है अपना
बच्चों को फूँक खूब ठगता है आश्वासन दे अपना
एक विश्वास से बँध बचपन अंधविश्वासी हो जाता
तभी कठिन अवसर पा वह बालक दिल से घबड़ाता
चकराते-चकराते वह सिर थाम बैठ जाता है
भालूवाले के जंतर से संकट घिर जाता है
बन्दरवाला उछल-कूदकर बन्दर-नाच दिखाता
'जैसे दुनिया है बन्दर का खेल' यही दिखलाता
किसी वक्त कोई मार गुलाटी करतब दिखलायेगा
सावधान नहीं रहे तो किसी पल भी चित्त कर जायेगा
असल खेल में मजा तभी जब सदा संतुलन रखता
बंदर के जैसा कुलाँचेंभर खेल में संकट हरता।
अगर मदारीवाला सिर को काट कहीं दिखलाता
समझो भय को बचपन में ही वह जवान कर जाता
अगर पेट को चीड़-फाड़कर पुनः जोड़ देता है
बतलाता है खौफ कहीं पर जरूर खार खाता है
उसके खेल निराले 'परम खिलाड़ी' वह होता है
वह जैसा चाहे दिखलाना वही दिखा सकता है।
भालू-बंदर जीवमात्र हैं नहीं सता उनको भी
जीने का अवसर दो उनको दो स्वतंत्रता, कुछ भी
नहीं मलाल हो कि जीवन में अधम पाप वह पाया

सदा सताने में जीवों को ही सुख अपना माना
खेल दिखा भयमुक्त रखे जो होते बड़े मदारी
स्वच्छ मानसिकता दे विकसाओ मनुष्य बलशाली।
जीव-प्रेम जब रंग दिखाता, नवजीवन मिले मन को
जीवन, विविधरंग मौसम के स्वरूप मिले अर्पितों को
बिना सताये जीवों को जो सखा बनाकर पाला
प्रकृति उन्हें औलाद की तरह सहचर बनाके अपनाया
तथ्य है दृष्टि से ओझल दृष्टि में भूख प्रबल है
बिन वर्जिश नहीं मिले दाय पर जीवन ही तो चरम है
कहीं रामायण, कहीं महाभारत जीवनभर होता
किस्मत को दस्तक दे रणकौशल से सब कुछ पाता
जीवन के अनुक्रम का जो अतिक्रमण नहीं कर सकता
परम धर्म वह मान अहिंसा को सोपान तय करता।

आक्रोश

चलता राही ठहर गया—
पूछा, क्या करते हो भाई?
11-12 वर्ष का बालक
काट रहा था हरित तना
वह भी उद्यत हो जोरों से
वार कर रहा था तेजी से
जरा ठहर गुर्राकर देखा—
बोला, भैया! बापू डाँटा
        नहीं चाहिये था यह करना
        बाप पूत्र को डाँटता है, क्या?
यदि नहीं तो!
        किया शिकायत दादाजी से?
        लौहच्चूँटी-सा लुझा हुआ बालक
हुंकारा—और नहीं तो! 'सुना नहीं' जैसा वह कर गया,
अनसुनी, अंदर से कब-कब-कब-कब करता रह गया
        झुका काटने को यह सोच—
इस बार मैं काट ही दम लूँ
हरित टहनियाँ समझी है, क्या
हमसे ही पत्ती फल-फूल है?
नहीं चाहिए यह सब इनसे
        नये-नये पौधे विकसेंगे, वह भी देंगे
        फल-फूल-पत्ती, समझे हैं ये सब बूढ़े किया?
बूढ़े को बालक ताका, फिर खुद ही बोला—

नहीं कहा कुछ
जब बोला था दादाजी से
गर्दन नत था, पथिक कहा—दादी अम्मा से ?
वह भी नहीं कहे कुछ 'उनसे'!
बालक हाँफ रहा था अब तक
कुल्हाड़ी का क्षेप मारते ही बोला
कहो और किनसे बोलूँ ? पापा से ?
पथिक कहा—हाँ!
खड़ा हुआ, तनकर पहले
कुल्हाड़ी कंधे पर रखा
फिर जहर उगलते बोला—
तुम भी सठियाये हो भैया
पापा से बोलेगी मेरी दादी, अम्मा ?
जा, जा राह पकड़ ले अपनी।
डर से दुबकी रहती है जो घर में औरत
वह क्या बोलेगी अपने पतिदेव, पुत्र से ?
उल्टे पूछा—
        सुन, सुन!
पूछेगी यदि दादीजी तो
        उनको तुम खाना दोगे क्या ?
मार पड़ेगी अम्मी को तो
        दवा करोगे तब भी तुम क्या ?
पथिक चिहुँककर बोला—
                        ऐसा!
तब तो पापा डाँटेगा ही।
बालक हुआ सुन क्रोधित
                        फिर तन
गर्दन टेढ़ाकर उचकाया
        कंधों को कुछ पल फुहराया
लाल-लाल अंगारों-जैसी
        आँखों में सागर लहराया
ढुलक पड़ीं दो बूँद जमीं पर

उस अश्रु से धरती काँपी
मिट्टी डोली-क्योंकर यह?
पेड़ को डाँटी— क्यों फूलते हो?
बालक को आँसू देते हो?
पेड़ डर गयी, काँपी, बोली—
नहीं...नहीं...
यह आँसू मेरा दिया नहीं है
दुष्ट बाप ने इन्हें रुलाया
ये तो कोमल फूल बाग के
मैं तो बस इकलौती गाछ, अलग-थलग
फल-फूल देती, इन्हें पालती
पत्ती दे-दे, इन्हें बचाती
वृथा श्रम से, दोपहरी में
बकरियाँ जब मिमियाती मिमियाती
भाग रही होती तलाश में
घास-पात की, संभ्रम गति से
यहीं झूलता है झूला यह
यहीं खेलता डोल-पत्ती यह
मैं भी संग-संग झूमती, हँसती
गाती, खेलती बड़ी हुई हूँ
कैसे आँसू दूँगी अपने प्रिय मित्र को?
धरती बोली— चुप!
बक-बक मत कर। झाड़ लेती है सच से पल्लू
जैसे हमको पता नहीं है—यौवन के वसंत को पतझड़ से नहीं डराती है, क्या?
ये आँसू, अनमोल रतन है
मनुष्यता से अवधारित है मेरे भी भविष्य की चिंता है इसमें
मेरे दिल में ज्योति जलती
जब ये आँसू ठंडक देते
हाड़ कँपा देती है मेरी
डर होता है कहीं जमीं के नीचे के सागर में जाये
उत्स जगाकर कहीं उसे आलोड़ित कर दे

कहीं जो लावा के प्रवाह को रुद्धित कर दे
भाप बने अंतर्मन को प्रबुद्ध न कर दे
मिटा डालने की कुत्सित कोशिशें नहीं हो
वरना, मैं तो मिट जाऊँगी
धरती पर लावा छायेगा
धुआँ–कोहरा घिर जायेगा
अग्नि की विकराल लपट में
लप–लप ज्वालामुखी जलेगा
बड़े–बड़े युग शिलाखंड भी
बर्फ की तरह बह जायेगा लहू ताप से
मृत–अपक्षरित नग यहीं उठेगा
गर्वोन्नत सर जरूर दलेगा
मैं धरती, सबकी माता फिर कहाँ रहूँगी ?
नहीं...नहीं... तू अधमी, पापी
मेरे पूत को तू ही रुलाता—बोली,
जैसे धरती की भावजगी ममता आपूरित
हवा उठी, कुछ धूल उड़ी
पथिक की आँखें मूँद गई
बालक–हृदय करे रोर, आंदोलित हो
जागा, नहीं पराजित नहीं पराश्रित
हठ मेरा नहीं बेकार, पराभूत
जननी की कोई यूँ मारेगा
पीठ को चमड़ी क्यूँ उधड़ेगी ?
मनुज नहीं, पशु है क्या बापू ?
छिः छिः घृणा आंकठ भर गया
गला भर गया, गला रुँध गया
पुनः आँसू टपके

हताश मन से दे मारा कुल्हाड़ी टहनी पर
कठोर प्रहार वह सह न सकी
प्रारब्ध जो मेरा वही उनका भी
यही कि कुछ पहले उनके, फिर बाद में मेरे
नयेपन में नहीं आस, अनेरे

गिर पड़ी अबकी इस वार से
नत पड़े पेड़ फिर उखड़ गिर गया
देखा पथिक फिर आँखें खोल—
बोला इतनाभर—बालक अधीर मत हो
माता की चिन्ता वाजिब है तेरी
बापू की डाँट पड़े सार्थक तो सहना
लगे निरर्थक—मत सहना
प्रतिकार नहीं है अंत सृजन का,
है प्रारंभ सृजन का
तेरा यह प्रतिकार मुझे स्वीकार्य
प्रतिशोध मगर है और शोध की चीज।
बच्चे तो यूँ भी होते हैं
प्रेम-पुलक, व्यंजित भावों से भी लजीज
आ...गले लग मेरे,
अनुज अपने भैया से।
युगबोध ले कुछ हमसे उधार
दुर्बोध कि कल तुम पिता बनोगे।
तब कैसे अपने को व्यक्त करोगे?
भावों की थिरता ले! उमंगों!—'अभी समय है तेरा'
संतुलन रखो! मन थिर करो!
'आंदोलन स्वभाव है चंचलता का'
बालमन मानव होता है सद्यःप्रवृत्त
सहजात प्रवर्त्तिनी होती है प्रवृत्ति, आकुलताओं की।

बस डकैती

सावनी उमस की लम्बी अवधि के बाद किसी मनहूस
दिन को एक लंबी बेचैनी के पायताने सायं 8:00 बजे
जाने को बिहार-शरीफ, पटना बस-अड्डा से 'कुम्हरार रथ' खुली।
पहले ही विलंबित, मंथर-मंथर चलती बस बैलगाड़ी जैसी मंथरा हो
चुकी थी।
उस रोज/शाम के ठीक 8:20 बजे
जब सवारियों की रेलमपेल भीड़ हो गई, और तिस पर
'सिंह' पेट्रोल पंप पर कुछेक मुस्टंडे
ठंडे-ठंडे मिजाज के गर्म उसासों को छोड़ती भीड़ में अनगढ़े, अनबढ़े
मकसद से घुस गये
कुछ चुपचाप, कुछ फुस्स, फुस्स करते। कानाफूसी बेतकल्लुफ
कि कोई बात सुने नहीं,
जिसे जहाँ ठौर मिला
तितर-बितर हुआ भीड़ में घुस खड़ा रहा।
बस, जब पहुँची बख्तियारपुर से आगे,
बिहार शरीफ की मेन रोड में 3 खंड पर,
अचानक खलबली मची
भीड़ में उबाल आयी, नई समस्या आ खड़ी हुई।
खनकदार आवाज गूंजी—'सब के सब खड़े रहें—जो जैसे हैं वैसे बक
बने रहें'
दूसरी ओर से भी आवाज आयी—
'जिसके पास जो है निकालकर दे दे
इधर-उधर मत कर, जिसके पास जो है स्वेच्छा से दे दे

लिबलिबिया का जंग आज ही छुड़ाया हूँ
अनोखी जिंदगी और मौत की जंग को
फैसले के रूप में बदलने को तैयार बैठी है
कोई रामभरोसे मुफ्त में मारा जायेगा।
विगत पाँच वर्षो के अनुभव से इतर
आज का दिन था—डकैती का, डकैतों का।
भीड़ एकदम चुपचाप सन्नाटे में बदहवास, खामोश और सावधान थी
कोई कुछ नहीं निकाल रहा था, प्रेरणाधीन मुस्कुरा रहे थे सब के सब
आँखों में चमक थी, भय के नामोनिशान न थे
डकैत परेशान और शर्मसार
झुंझलाया—कोई स्वेच्छा से निकाल के नहीं देवेगा
स्साला! मुस्कुराहट का पाशुपतास्त्र फेंकता है
तलाशी लो! तलाशी लो, रे बिड़नियाँ!
सरदार के आदेश का पालन हुआ।
तलाशी में कहीं कुछ न मिला
मिली तो बस बेचैनी, शर्मिंदगी
और पहचान का संकट।
किसका मुँह देखकर उठा था?
सबके सब बाबा दरबार से लौटने वाले
भक्तगण हैं, 'वाल्मिकी के इडियोटाइप'
बोहनी-बट्टा भी नहीं हुआ, ससुरा 'पुलिसवा' को क्या देवेंगे।
हम चाहें तो इन्हें बख्श भी दें, लेकिन, वे क्या हमें बख्शेंगे
जो मुर्दे के कफन को चुरानेवालों से भी हफ्ता की वसूली करते हैं
जो भिखारियों की दया से पलते लावारिसों
से भी रोटी की कुद्यी माँगते हैं
जो सब्जी बिक्रेताओं से एक-एक आलू, भिंडी, बैंगन, प्याज और टमाटर ले-लेकर घर और परिवार चलाते हैं, वे क्या बख्शेंगे? शायद हाँ, शायद नहीं। शायद हाँ
तो भी खैर नहीं।
रामजी ही जानें बचायेंगे या मरवायेंगे।
डकैतों के मुँह लटक गये, हाथों के तमंचे राहगीरों को थमा दिए
अचानक राहगीरों के एक हाथ को दोनों हाथों से दबोचकर

जोर-जोर से अपने-अपने गालों पर चटकाने लगा,
बाल नोंचवाने लगा—
लीजिये, और मारिये, जितना भी चाहे उतना मारिये
हम नादान हैं, बेवकूफ हैं, भटके भुटके लोग हैं
हमलोगों का आपके साथ अच्छा सुलूक नहीं है
लीजिये, खून कर दीजिये
लेकिन रहम कीजिये— मारने के पहले मेरी अंतिम ख्वाहिश
पूरी कर दीजिये।
आज के दिन भीख समझकर कुछ तो दे दीजिये, हमपर दया कीजिये।
हर तरफ विस्मयादिबोधक, प्रश्नसूचक निगाहें।
लोग हैरान, परेशान।
ये कैसा ड्रामा है? शायद ट्रांसक्रिप्शन की प्रक्रिया है
डकैत सब रो रहे थे, पाँव पकड़कर गिड़गिड़ा रहे थे—
जैसे भी हो, दया से या भीख में
अकेले या सम्मिलाते, कम से कम दो हजार दे दो।
कान पकड़ते हैं। आज के बाद
बस डकैती, स्वाहा! आज भर, कृपा कर दो हो बाप!
नै तअ पुलिसवा नै छोड़ेगा
लाठी कर देवेगा, स्साला!
घर से महतारी, जनानी को बुलाकर
गत कर देवेगा, कल से डकैतियो का लाईसेंस रद्द
बापू से थूक चटवायेगा और ऐसन-ऐसन दुर्गति करेगा
कि पतो न चलेगा कि केकरा-केकरा कैसे-कैसे कुगाड़ बना दिया।

एक रोज का फसाना

एक रोज का फसाना—
        'कोई बुला रहा है'
ऐसा मुझे लगा था
        चलता चला गया था
लेकिन कोई नहीं था।
वह लम्हा याद अबतक
        बजती थी सीटियाँ खूब
तब रेंगने लगी थी
        नस-नस में चींटियाँ, डूब
खूँ को जमा दिया था।
        नीदें थीं उचटी-उचटी
वश अपना भी नहीं था
        हम अपने में नहीं थे
जैसे कि सालों पहले का है किया इरादा
        मन जाने को विवश था।
तन थोड़ी की हिकारत
        उसपर पड़े थे कोड़े
कोई प्यारी आत्मा थी
        खड़ी पास की गली में
जा चेहरा दिखाया।
        तब चैन लूट चुके थे
बेचैन हो रहा था
        मेरा होश फाख्ता था।

वहाँ पर कपालिनी की
बूत सामने खड़ी थी
एक रौशनी दिखी तब
जब हँसती कह रही थी
घुंघट हटाओ! 'मैं हूँ'
आखिर तुझे क्यों डर था?
क्या टूट गया भरोसा
या वादे याद न थे
या थे किसी में मशगूल
कहीं कुछ तो बात होगी
मुकरा, कहा—न कुछ था।
डूबा हुआ तुझी में खोया हुआ कहीं था
सच बात थी कि डर था
कहीं देख ले न कोई
मेरी हरकतों की सानी
जो उनके रंग रंगकर
ज्योतित मैं हो रहा था
उसपल था पास एलबम
मैं तो उसी में गुम था
उसी पल लगा ठहाका
पकड़ी गई मेरी चोरी
मेरी दी गई सफाई
इसी सोच में अवश था
तब नंग-धड़ंग वजूद था।

बुढ़ापा

अजहद की हद तक हदसाने वाला हादसा
'बुढ़ापा—
बिना बुलाये मेहमान की तरह आता है
"मान न मान, मैं तेरा मेहमान" का अहसास कराता
काल कवलित जिन्दगी में एक बार जरूर आता है।
बुढ़ापा डिबिया की टिमटिमाती, थरथराती हरित-पीत लौ की तरह है
भविष्य का कलेवा है काल का कौल है
भवितव्य की तकदीर बना रवानी का हौल है
कमजर्फ को जिंदगी का आसरा है लाठी का सहारा है
निभे-निभाये रिश्तों का मंसूबा है
समय की सीनाजोरी से घायल है, बेहाल है
थकी हुई टाँगें कहाँ शाम निभा पाती है
सुबह को नवजीवन पाता, विश्वास जमाता खुद पर
तब अहसास तरोताजा, ठीकठाक दीखता है
दीन-ईमान की कीमत पर दोपहर तक बिकता है,
हींकता है, रेंगता है
गोधूलि निढाल जैसे जिन्दगी का हादसा है
अनुभव और अंजाम का
बचपन और जवानी का
प्रेम का, गुमान का, खाने और पाने का
आँखों की जुबान से रोने-हँसने-गाने का
आँसू के हिसाब से संगत और असंगत का
युग बोध, संदर्भ की दिल्लगी 'बुढ़ापा'

दिल माने, न माने
बुढ़ापा एक सिरिस्ता है
अफसोसनाक जिन्दगी का होश जैसे फ़ाख़्ता है!
अंतिम सीढ़ी पे चढ़ लेने के बाद का वह अनुभव
जैसे वह गिर जायेगा,
चक्कर कुछ–कुछ आती है, नाचता है, गाता है
नाचते–नाचते ताल, छंद, लय बिना
जी जब कर पाता है थिर, दिखता है अंधेर
जिसके बाद संशय से घिरा सुकून पाता है, बुढ़ापा।
दिन और रात बराबर, जैसे निजता और अपनापा
भाग्य वदा है 'आपा'।
गिरा, न गिरा, चक्कर खाना आम है 'बुढ़ापा'।

सूर्य ग्रहण

दादीजी, ओ भैयाजी, इधर घूमकर देखो जी
पापाजी, ओ पापाजी, सूर्य-ग्रहण को देखो भी।
दादाजी का राहू क्या सूर्य निगलनेवाला है
क्या पाला, अकाल, बाढ़-सा आफत आने वाला है?
भैया तू ही बतला क्या खग्रास मस्त, मतवाला है!
हीरे जड़ी अंगूठी-सा यह दिव्य वलय बन आया है।
शायद अंध-रिवाजों से मुक्ति का क्षण ये आया है
आँखों देखी हाल को कानों सुनी बात भरमाया है।
सामने है प्रमाण ठोस, क्या छटा बला की फिरोजी!
इस धरती पर मानुष क्षण-क्षण विपदाओं से लड़ता है
पल-पल में सुख की अहसासों खातिर जीता-मरता है।
फिर भी सुख की छाया उसके हाथ नहीं लग पाती है
आफत का कोई एक ही क्षण जीवन बिखेर दिखलाता है।
बहुत हुआ सुखमय तो सौ-सौ साल जिएगा, और तो क्या?
तिसपर भी बूढ़ी आँखों से देख सकेंगे, बूढ़े क्या?
अब तो तीन सौ साठ बरस के बाद दिखेगा, दादाजी।
इतना सुन्दर, सूर्य-ग्रहण देखने को माँ फिर तरसोगी।
सूर्य और पृथ्वी के मध्य आ चाँद करें सब अंतर
हवा बहेगी धरती से सागर की ओर तदन्तर।
लेकिन, दादाजी! सोलर वायु कुछ और बताता
सोलर रे का है दबाब, जो वायुमंडल में नहीं आता।
रह जाता है वायुमंडल से बाहर ऊपर ही
जैसे अलग जार में होता है प्रयोग, समझो भी।

वायुमंडल की सतहों पे तारे, ग्रह-गति लक्षित
इसी से वायु बनता, बहता दुष्प्रभाव पड़ता जी।
        कुछ भी हो, कोई कुछ बोले जीवन धन्य मेरे हैं
        इसी नन्हकी उम्र में हमने सूर्य-ग्रहण देखे हैं।
वह भी इतना सुन्दर, इतना देर वलय देखा है
जैसे राहू सचमुच सूरज निगल रहा, देखा है।
        सूरज इतना बड़ा है, इतना रोशन! बड़ा अजूबा
        चंदा ढँक दिखलाता सूरज, जग छाया में डूबता।
अलग-अलग प्रतिकृतियों में छाया पृथ्वी पर आती
नगमे बने दिखे, जो जीवन रंग सरोजी, बन्तो जी।
सूरज-चंदा बने जो खेलें खेल, न छले ग्रहण भी।

बीजों का संवहन

किसी ऑफिस के हुक्मरान थे डैडी
गाड़ी आती थी नितदिन लेने
तड़के उठकर नहा-धो तैयार होते थे डैडी
चले जाते थे लोक कथा बुनने
सफल कथा पात्र बने
अखबारी पन्नों पर हरफबन उगते
आदर्शों की चोटियाँ थामे
आज की कौशल के वितान में दीखते हैं डैडी।
'अ-क्षर' मुस्कान भोली सूरत पर उभरती
डैडी को देख आरजू सावन का मोर हो जाता
डैडी को टा-टा कहने के पहले थोड़ा-बहुत घूमघाम
        पीं-पीं गाड़ी से जरूर करता
स्वागत के अंदाज की खुशी आँगन की रंगोली को लजा देती
शादी-विवाह के उल्लास-सा घर-द्वार को हुलसा देता
''डैडी आ गये'' ''डैडी आ गये'' का मृदु स्वर
        कोकिला को शर्माने को काफी है
घर का आँगन सुपात्र विरवा की खुशहाली का फसाना है!
आरजू धर्मेन्द्र पापा का अंगू था
जरूरत के क्षणों के अतिरिक्त क्षणों में डैडी से ज्यादा
आरजू को धर्म-बाप की अधिक जरूरत थी
बच्चों की लतों में से खास टॉफी, च्युंइगम,
हाजमोला, कोका कोला की पसंद धमाल मचाती है दिनचर्या में
बबाली जिदपनों की मारकता से

''आज के दूध भी सिंथेटिक रसायन के अपाच्य नमूने हैं''
सत्य की व्यापकता जग जाहिर है
आज के बच्चे प्रयोगशाला के कॉकरोच की तरह पलते हैं-
प्रयोग-दुष्प्रयोग के लिए घर से बाहर प्रदर्श इकाई नहीं ढूँढ़ने पड़ेंगे, इन दिनों।
भला हो, खिलौनों से सस्ता मनोरंजन के साधन हैं ये बच्चे
इक्कीसवीं सदी का नायक लोक-कथा लिखेगा तो
पृष्ठभूमि मुकम्मल तार-तार नजर आयेगा
सभ्यता और संस्कृति की जर्जरता से प्रचलन और परंपरा
को चालने का चलन करती है, चलनी
छिद्रों में फँसे दाने को निकालने में लापरवाही
चाक चौबंद आवरण को छलनी भी करता है
आदर्श जैसे-जैसे अंकुरता है, प्रौढ़ होता है
कौशल से वैसे-वैसे इंसान भी जवान होते हैं
लेकिन भूल जाता है अतीत—गुण-दोष का
विकासक्रम माँ-बाप तो देखते हैं
पकड़ते नहीं भविष्य का रास, फिर भी
रागात्मकता की चमू से जूझते बाल-विहार का
शारीरिक उद्‌गार हृदय स्पंदन को प्रताड़ित नहीं करता
आलोड़ित करता है ममता को, मनोरंजन का साधन बनकर।
भाषा की कुछ बानगी है, जो उभरती है विरोधस्वरूप।
उदाहरण देखिये—पापा, पापा, पापाजी
        पुकारता है आरजू, मधुरकंठी
आरजू को लगता है ध्यान नहीं देते पापा
नाचता है, कूदता है, खीझता है, उछलता है
बंदर-भालू-मोर सबके सब नमूदार होते हैं आरजू की नाच में।
परिदृश्य से गुजरता है हाव-भाव, स्मृति में मनोगत स्वभाव
पटकता है पटकता है पाँव
छमकता है छमकता है भावाभिभाव
पापा...पापा...पापा जी पुकारता है।
अति व्यस्त हैं पापा
फुर्सत में नहीं है जहाँ, मशगूल हैं सब अपने में

फैशनेबल ब्युटी पार्लर में सेक्स वर्करों के पकड़े जाने की अखबारी
चर्चा समक्ष है
जौहर दिखलाता है नाराज बचपन का क्रोध, वात्सल्य
जुनून में है घृणा, वेदना
बेचारगी में, नकारात्मकता आती है आँचल सँवारे, घुंघट डाले
सुन रही है मम्मी, गुन रहे हैं डैडी
उच्चरता है 'बप्पा' नासमझे होठों से
मारे गुस्सा के चेहरा पर गुरुत्वाकर्षण केंद्रित हो जाता है
अनुभव की जमीन में समझ के अनुघन से शिशिराघात जवान हो जाता है
सुन्न हो जाती है चेतना, पूरा शरीर काठ हो जाता है
दिमाग भनभनाता रहता है।
कहाँ पापा! कहाँ बप्पा!
आक्रोश की बलिहारी है।
ये बच्चे भी न! सोचने को बाध्य करता है
मनोविनोद में भी मनोविज्ञान विहार करता है।
बालपन भी क्रोध के कठोर शैल-गर्भ से बाहर आने को मचलता है
जैसे बड़ों की गलतियों की उसे पूरी समझ हो
और उनकी गलतियों पर उसे कोफ्त हो।
उसे वह पकड़कर झिंझोड़ना चाहता है। क्यों नहीं सुनते, उनकी।

सत्य का धारक : लघुजीवन

अभी–अभी जो फिसलकर गिरा है फर्श पर, लघुपिंड
वह उल्का है? या आँखों का तारा
या कुछ कहता–गुनता भविष्य का सितारा
अपने प्रतिपालकों से क्या कहे ठिसुआया हुआ, बेचारा!
तमाम आशाओं की तरह धूल–धुसरित उपकार हूँ
सृष्टि का, सिंगार हूँ आपका, धुल–धुक्कड़मय नमी ही नवआशा
है जीवन का, नवजीवन का उज्जीवन का।
भाषा की अठखेली है
माँ पूछती है—कुछ बोले, बेटा?
तब होता है ड्रामा
अज्ञानी मन डर जाता है
प्रकृत शौर्य विवरों में सिमट जाती है बाल–बुद्धि
उभरती है प्रत्यावर्तित ज्ञान–चेतना
बोल पड़ता है बित्ताभर का छौड़
''कुछ नहीं मम्मी''।
पापा... पा... पापाजी। छुपा लिया है तथ्य,
मगर खाई है चोट,
लगी माता के दिल पर, गिरा झूठ का पत्थर
हँसता है मासूम मासूमियत से ठगी जाती है महामाया का स्वरूप
'माँ' भाँप लेती है, झूठ का बीज
लेकिन अच्छी माँ चुमकारकर यह कहती कि
''बेटा झूठ नहीं बोलते''!
चीथड़े उड़ा जाते हैं झूठ के भूणपोष के।

इतनेभर से सत्य सवार हो जाते हैं सृजनांश बनकर जिसे धारण करता है भ्रूणपोष में पोषक, सत्य का धारक बनकर।
शर्माता चेहरा नोजी से लिथड़
बुलंद हो उठता महीमाता के आँचल में।
नोजी लिथड़ते रहता है आँचल से, हाथों से, कंधों से
भिनकने को तो मन भिनकता है, पर किसका? सामनेवाले का
जो निर्लिप्त है ममता के हंगामें से।
मालूम नहीं उन्हें ममता और वात्सल्य, प्यार और समर्पण दुर्भावों को भी महाभिभाव बना डालता है।
वह नन्हा बालक हँसता रहता है बेशर्म होकर
जैसे कुछ हुआ ही नहीं हो और जो हुआ है वह तो होना ही था दायस्वरूप
उसके होने में ही शर्म धुल गया था। माँ तो सब जानती ही है
लेकिन बाल-मन कम बड़ा जादूगर नहीं है
वह बखूबी जान गया है कि उनकी नजरें भी
लगी है साफ-सुथरे, खुशहाल परिवेश की टोह में। गिरकर चोट खाने की व्यथा को छुपाने का संघर्ष प्रश्नकारों को बताता है अपना जुझारूपन जताता है माद्दा, फिर प्रश्न भी पूछता है चुप-चुप...
परिवेश तो आपसब ही देंगे? या संवहन का सहारा
लिये भटकने दोगे, माँ खुद का क्या करूँ?
भविष्य की ओर चलना ही पड़ेगा। कदम छोटे हैं,
तेरे अतीत को मापते वक्त लगेंगे, जब तेरे कद के होंगे तुम किनारे लगने को होगे!
भवितव्य खातिर कहाँ-कहाँ तक साथ चलोगी? कबतक गहकर हाथ चलोगी?
उल्का हूँ माँ की आँखों का क्षुद्र समर में भिड़ता हूँ
अस्तित्व बचाने की खातिर घर्षण परिवेश की खाता हूँ तब गिरता हूँ, व्योमशासी सत्ता का शाश्वत सत्य अंश गगन से धरती पर लघुपिंड बन, मैं 'लघुजीवन'।

प्रेम भाष्य ग्रंथ

हो गया हूँ बावला
        देखकर एकटक
खास भाव-भंगिमा की स्मृति में
        अटक गई नजरें
पथरा गई आँखें
        भावशून्य हो गई चेतना
स्मृति में स्मृति-बिम्ब एकाकार हो गई
        रोशनी की धुंध में जान मेरी गुम गई
हो गया उतावला
        रूप दीप्त देखकर।

* * *

नींद नहीं आती
        आँखें मुँदे-मुँदे जागता
मीत मेरे सोइये कल न पड़ता चित्र से
नींद अधूरी है ख्वाब आते-जाते आपके
ख्वाब, साँस, जिन्दगी की बन्दगी में रम सकूँ
चिर-प्रतीक्षा का प्रमाण हर निकष पे दे सकूँ
प्रेम की उड़ान का है मामला
जागृति में भी है रूप रूचिकर।

* * *

दूर बैठे बात ज्यादा क्या करूँ
पास में हैं मम्मा, दीदी देखती
दिल के पास तिल की दूरी पे है दिल। हाल-ए-दिल-दिमाग का उफान है
खोजिये अन्यत्र नहीं, दिल के पास हाथ रखके देखिये
संवेदना का कौन सा मुकाम है
तेरी हर गुजारिशों की भेंट चढ़
बात न करूँ, बुरा न मानिये
बात जब उठी, तो बताते चलूँ जिन्दगी मेरी है सिर्फ आपका
दिल दीवानावार याचना करे तेरे बिन तो जिन्दगी मुहाल है
मन-ही-मन के प्रेम का न हो भला वक्त की है दूरियाँ ही बेवफा
खुलना होगा मानिनी को प्रियतम के सामने
एक दिन मिजाज उनका भाँपकर, वरना आये मौत लेके साबका

* * *

है हँसी सुबह की किरणों-सी भली
शोख चंचला हिरण-सी चुलबुली
बातों में है बात बौर भी विशेष
तिसपर है संवेदना गरीब हेत
पढ़के अंग-अंग चुपके बोलिये
अंग-अंग, प्रत्यंग आपके ही रंग, देखिये
प्रेम है एकांतवास की बला
देख किसी को! उठे चिहूँककर।

* * *

लाइये न संग किसी को भी मीत
आपके ही संग मेरी जहान है
जब कोई, हो सामने तो सोचती
कि प्रेम का भी क्या कोई निदान है?
चाहते हैं खुल सकूँ और खोल दूँ
पर वे बनते और भी नादान हैं

इसलिए हँसी में कटता वक्त है
चुपके-चुपके छाता प्रेम-द्वंद्व है
प्रेम भाष्य-ग्रंथ जो न पढ़ सका
वे न जाने लेखन प्रेम-भाग्य का।
है धुनी रमाये धुन माथे पर हित सधे तो साध लें संसार का मैं हूँ उल्टी
ही गति में सोचती—हो सके तो साधें चाल यार का।

तेरा- मेरा क्या

रे, मार , मार, कश मार! जमाना है सारा बटमार
मुसीबत में शमसीरी धार हो गई कुन्द और सुकुमार
निठल्ले खाना है, हैं आदत से लाचार लगे न हाथ कोई पतवार।
काल के भंवर बीच संसार॥
दुनिया में बेगानेपन की ऐसी रीत है छायी
देखके नजर चुरा चल देते, कसक मिले अधमाई
चाल-चलन से भले रिझावे, धुंध सगर है छाई
नैन मिलाकर चैन को खोना बात बड़ी बुरी बात।
अपनेपन की समझ दिखाने में दुनिया बर्बाद॥
अपराध बड़ा संगीन जो दिल हो गया कभी रंगीन
बगावत करे भाव-व्यवहार— ''प्यार में धोखे हैं मुमकिन''
जीवन गढ़े जो पथ सुविचार करे रोंगटे खड़े, रीढ़हीन
ले खींच-खींच खूब हींच यही जब करना है झख मार।
जूझने की हालत में यार मुआ है, जमीर, नहीं तैयार॥
कमा-धमाकर दिखलाने की नहीं कोई तैयारी
हर पॉकेट के पीछे आँखें लगी, रची शय्यारी।
छटा निराली दूरबीनभाषी चुम्बक लगें नचारी।
रोज कटी जेबें बिन छुए ठिठुर रहे संस्कार।
तड़प है दारूण, रोनी सूरत, निंदा अंतर्नाद॥
दुनिया के आँगन में भोला भाँग-धतूरा खाये।
जेल में आने की नौबत पर भोला भी शरमाये।
कहा-सुनी की बात रही न, अकड़ नहीं चल पाये।

ठसक दिखा, फूँक मार-मार लेकर भोले का नाम।
भोला चाहेगा तो हो जायेगा बेड़ा-पार॥
सुध-बुध लेने वाला कोई नहीं यहाँ अपना है।
कोई आये मुक्त कराने यह भी एक सपना है।
'खाना धूमधड़ाका करके' चुगली यह करना है।
कुछ मेरे खातिर करने के अवसर पर शैतान
हैरानी जतलाते कहता, बनो नहीं नादान!
''तेरा क्या-मेरा क्या, सबकुछ देख रहा भगवान।''

कलेवा

लेढा, गेड़ा सभी बखेड़ा
करता फिरे अनेरा
डम डमडम डुगडुगी बजावे
कौन करम का फेरा
इतना हुआ कुबेला।
दिन–चढ़ आया, लेकिन
अबतक कोई नजर नहीं आया
जन–मजदूर का पेट बगावत
करने को अब धाया।
सेवा–मेवा बिना कलेवा
किसका दिन है खेवा
खेवा लेकर भी कहता है
और है बाकी सेवा
घूमे मनमतंग बना
आफत आकर अब घेरा
आया नहीं कलेवा लेकर
कहाँ फँसा अलबेला।
सबका जन–मजदूर खा पीकर करने लगा जुताई
गठरी–मोटरी बाँध–सुँघ कर ले जा चुकी लुगाई
खीझ में माथा पकड़े, पेट पकड़, हो कोकड़ बोले
यहाँ पेट में आग लगी है कैसे करें बुवाई ?
पेट कुकड़–कूँ –कूँऽ–कूँऽ बोले रह–रहकर केंकियाए
आँख में आँसू छलछल छहले बोले ज्यों मिंमियाए।

अपना जन–मजदूर भी
माथा खाये खूब, बावेला
एक दिन क्या देर हुई
कि–खडे–खडे कुरचे ला
हाय रे, किस पचड़ा में
लवड़ा करे चपड़–चूँ, लफड़ा ।
अब तो आ,अब देर हो गई अधिक ही, खोल न जबड़ा
विपरीत काल में बुद्धि होती आफत तीत करेला
बिना जुते अब खेत में होगा ढेला
कैसे फसल लगेगी, कैसी फसल उगेगी लेडा।
पड़ा करम का फेरा
किया–धरा गुड़ गोबर दोबर होकर पानी फेरा
चढ़ गई, चढ़ गई जोश–ए जवानी बेशर्मी ने मारा
उठ गई जभी बवाल समझ आया हुआ बख़्त आवारा

पन्द्रह अगस्त

पन्द्रह अगस्त है
        झंडोत्तोलन तय है—
'करना है प्रभात-फेरी'
        बाल-वृन्द मस्त है।
सुबह आबाल-वृद्ध-नर-नारी जागे
तिरंगा फहराने को हर कोई भागे
पास के पंचायत, स्कूल और प्रखंड में
भीड़ जुट गई काफी सब थे आनंद में।
दिन-भर का उछल-कूद थक के सोया सौरभ
खलल पड़ी नींद में जाग पड़ा फौरन।
ओ दद्दू हाँय-हूँय, फाँय-फूँय बन्द कर
डॉक्टर से दिखला ले नखरा खतम कर
भोंभा-सा नाक बजे भौंरा को मात दे।
जे भी सुने गुंजन वो संगीत बिसार दे
भाँय-भूँय घाँय-घूँय छोड़ धाँय-धूँय छोड़।
गुमसल बयार रखे मन को ममोड़
जिगरा है परेशान नाक है कि सुंघनी,
हाइड्रोजन सल्फाईड छोड़े लहसुन की चटनी
जीना मुहाल बुडुम भड़ाम-भुडुम छोड़
आजभर पनाह माँगे घुटन मन मसोस
थकनी की नींद है खौताल बड़े भाग्य से
हवाखोरी कल से कराना आराम से।

तीया-पाँचा

खुशबू से खुशहाल, हो गई तीया-पाँचा।
हाल हुआ फटेहाल, हाल पर हूम-हूम नाचा॥
भरे करेलों की बोटी में लहसून, प्याज, मिर्चाई।
नमक, तेल, स्वादिष्ट मशाले हो गये आज कसाई॥
हाथ लगे, जो पकते-पकाते जीभ चटोरा चाटा।
भरवां देख थाल में घर की याद आ गई, चाचा॥
जीरा-पानी और पुदीना-पानी गला करे तर।
गरमी थी बदनाम, भाग गई, गहे सरोबर॥
धुन हो गई सवार सरोतल घुम-घुम बाँचा।
हाथ कोई गुमनाम हुआ रे सुन्दर स्वाद का साँचा॥
लट-पट, झट-पट भरी जवानी भौंरों-से इतराये।
घूम-घाम कर देखे कोई फूल पसन्द आ जाये॥
कैद-कैद पंखुड़ी में समझा आ गई आज की राका।
मीत-अधर की प्यास अनबुझी खोलने लगे लिफाफा॥

स्वप्न-भंग

सोचता हूँ...सोचता हूँ उड़ता रहूँ
बादलों की किरणों में सोता रहूँ
सोये-सोये बागों में उड़ता रहूँ।

चन्दा की किरणों का जामा बना लूँ
सूरज को तोड़ नाशपाती-सा खाऊँ
सितारों को कुंकुम संग बिन्दी बनाऊँ
चिन्दी उड़ी सुर की लय-सुर-ताल पाऊँ।
सोचता हूँ...दिल केही पास कर गहूँ

भाग जाती है सपना करके झमेला
नींद के उचटते ही होता बखेड़ा
छनके चन्द्रहास दुग्धरंगी सवेरा
बादल की झुरमुट में चन्द्रमुख घेरा।
जाग पड़ा आँख खुली, क्या कुछ कहूँ।

नजरनोशी

लई ले,
        लई ले, लई ले, यार! बताशा लईले
        दुखिया है संसार दुख दई सुख ले।
आवारगी में धुत्त, मस्त है सावन, माघ महीना
ऊमस, बेचैनी, तड़प तितलियों की, गुलजार है हिना
करती सौदा–सुलफसफाई जोर–जुलूम पुरबाई
जबरदस्ती नटखेल में हैं मशगूल शरम की ताई।
        टेंट गिर गया, पाया उखड़ा खोज–खबर तो लई ले
        खुली दृष्टि की पाँख, उड़ी पान बनारसी खई के।
गइट–पहट ले, चहट आज तेरा दिन है
बदरंगी मिजाज दफन कर डालो
युग का ले फरमान चलो फरिया लो।
        टूटल–फूटल फटल–पुरनिया गहो टहनियाँ अहले
        निकलें कोंपल काँप सुकून संग लई के।
दुनिया है घुसखोर, मचावे शोर कि नैन चुराई
कलफमें गिर नथ सिर खपावे कैसे पींग बढ़ाई
सोना–सोना रंग सलोना प्यार का रंग सुहाना
गोंद की तरह चिपका सबका नजर हुआ साबुदाना
        कहर–कुहरकर अदला–बदली चैन चुराकर लईले
        हुआ रसूख बर्बाद बिना कुछ कईले।

दंगल दर्शन

पहुना आप,
        अरे बाप रे! बाप टेहुना टाप
"कालाजंग" लगाया हो गई,
        हो गई सूफड़ा साफ।
        ...सब चुपचाप॥
लगता दो बित्तेभर का लंगूर गुलाटी मारे
आँखें मिचमिची मींच पुनः जबड़ा भींच दाँव चलाये
मुक्का तान के दौड़ा, निकली हवा, कहा–कर माफ।
        ...टप–टुप–टॉप,
कद–काठी मजबूत था, कंधा–माथा भी था चौड़ा
रसामृत–सी वाणी साज–सिंगार में जैसी गौरा
मारा दाँव करारा हिकिया लाफरखा न काफ।
        ...दिया ससार।
गुल्ला–गुल्ला हो गया लुल्हा जीता हो गया दुल्हा
मसले कोई कंधा–कुल्हा, चाभे कोय रसगुल्ला
राफ–साफ बाजार हो गया भीड़ रह गई हाफ।
        ...दंगल हुआ तमाम।

प्रेमामृत

ससुरजी धम, धम, धम
　　ससुरजी धम, धम, धम,
गुजरा जब फिलहाल किया धम, धम, धम, धम
नजर उठाया, देखा, समझा आग ससुर–धी धम, धम, धम,
गयी धी घी सम घम।
फगुनाहट की आहट में थी भिड़ी जवानी कोरी
चकाचौंध थी निरी जवानी की छायी, रस्तोगी
दिल के दरवाजे से घुसकर चौबारे से गुजरी
　　चाप चले धप् धम–धम–धम
ससुर–धी घम–घम–घम।
ऐसा हुआ धमाल बगुल–मन नाचे रे
पहले से था भ्रमर गुगागुण साधे रे
काल भया परकाल, थी बदरी ही ससुरी
　　चौसठ कला निनाद किया गप, धम, धम, धम,
गपोड़ी–सा गम गम
आँगन की वह चिर षोड़शी की प्रकृति थी अपनी
ससुर बना आकाश, थी ससुरी निर्निमेष कुछ तकती
अगगड़–बगगड़ तुक्का–चक्कर सब बन गई लुगाई
　　चींटी का संताप गहन रब कच–कुच कम।
इस दुनिया में सबने पीया छक कर भरा पियाला
प्रेम का अमृत चख–चिख सबने बाँटा चंद निबाला
रहा सदा कुर्बान वही जो रोजा सबदिन माना
　　पेट करे कूँ–कूँ, कर बोले–पाँव बढ़ा चुप, धप–घूम–घम।

खाली दिन

अईयो, अईयो, ओ माई मईयो दोपहर गल करियो
खइहो, पिइहो इहिं ठाँव माई गुजर-बसर यहीं करिहो
जब बच्चन चल जाईत स्कूल घर बन भूत डरावे
पिया गेलन ऑफिस तब सज-धज सौतन बनी घुमावे
''बिना करम सब नार निठल्ले बेकरार दिन काटे
खाली दिन में हुनर, बात-बूत चैन-सुकून सब पावों''
अइहो-जइहो कभियो-कभियो हमका कभी न भूलिहो
खोज-खबर लेते रहिहो तोर सिबा कौन मोर दईयो।
रोज-रोज की घटना-वटना जिया मोरा हलफावे
कोय दुर्घटना या मैय्यत के देख जिया डर जावे
देखूँ, बौअन, मीर की सूरत तब कल चित्त को आवे
समझूँ आज का दिन न गारत जीतिया, तीज सुहावे
''अईयो मईयो गीत सिखइहो अबकी जीतिया गइहो
डर करता सब नाश सुफल है करम-धरम, यहीं गहिहो।

गाँधी जी का हाथी

चेला-चाटी लिया लुकाठी, गाँधीजी का हाथी
आगे-आगे चला, बन गया साथी।
कितना सुन्दर श्वेतित लक्षित चला ऊर्ध्वपथ धाम
लेकिन, पहुँचा पतनद्वार तक सजा-धजा वह हाथी।
उस हाथी के सूंढ़ में होता बर्फी, काजू, मुनक्का
एक-एक शह-मात की चालें चले तुरूप का इक्का
लेकिन, ढाई कदम पड़ गया पीछे, फिर भी करे बहुत बोकराती
रोवे धाड़-धाड़कर भरे भोकार, पड़ गई खुले मगज पर लाठी।
अलबत्ता तो, गाँधीजी का चेला था अलबेला
आँख बन्दकर थाह नजारा हरपल रहा अकेला
कान बन्दकर हो गया बहरा हुआ बहुत खुराफाती
इसीलिए मुँह सिले मिले उपदेशक हो गये खाँटी।
जब-जब पड़ी जरूरत, भूना चना समझ जन-सिर
वरना, मगरमच्छ बन निगला लोकतंत्र के वीर
सत्य, अहिंसा, प्रेम रहा है जुर्म गरीबों की ही
जन मजदूर के खून में लगा जोंक, सुनो परभाति (प्रभाती)।
गेंदा फूल का नाल बना लुकाठी, साथ में रखता हरदम चेला-चाटी
गुरूवाणी बोले, श्रीमुख से, कुल्ला करे कुकाठी
यहाँ बड़ा कु-लाट, चाल का तेज, साध संघाती
जम्हाई ले रह-रह करे पुकार, छोड़ो हाथ, धरो यह वाटी।
कहाँ रहा अब कहने को कुछ बाकी, जबसे लाठी हुई सनाठी
सनक चढ़ा—जो कहूँ, कहो! जो सुनूँ, सुनो! मेरे साथी
गार दूध पीले जीभर, तो बाँध द्वार पर पाठी

वरना स्वाद न देंगे सूखी चपाती, होंगी खूब बर्बादी
सबकुछ उनके हाथ लगेंगे जो बाँटेंगें सफेद हाथी
कोई करे तो क्या, ले फाँसी ?

छुर्रमारी

हियो लिओ झबरा
धत् मोंछकबरा
मुँह बिदोर हँस देलकै
पूत चितकबरा
मूत बड़ा लफड़ा।
बच्चा था नवजात, भोला-भाला, प्यारा-सा
काजल का टीका भी मस्तक पर हाजिर था
हाथ में था चाँदी का कड़ा खूब मोट-मोट
खाकर चपत हंसता तो मिलता न ओर-छोर
हँसता है, पेट में जो
ठुड्डी को रगड़ा
चिबुक है प्यारा-प्यारा
सास करतै झगड़ा
बेटी के रखतै नै, कि केकरो रखतै
ढाँढ़स न बंधअ है, कैसे निबहतै
विष्वास टूटल जाये देखकर डिम्पल
होवअ बड़ा बाबू, न रहबअ तू सिम्पल
धत् पूत लबड़ा
करिहअ न खतरा!
छुर्र से तब मूत दिया
धार मारे, लफड़ा।

भारत में संबंध

अब तक जो हो सका नहीं था
वह सब होगा भारत में
दो-दो, तीन-तीन मम्मी-पापा
बेटा होगा साँसत में।
राहत की कोई बात नहीं, उलझा जीवन होगा गारत
खैर-खबर ले सके न कोई, सबका होता है स्वारथ
पापी पेट न धरम निभाये जो मन में आता करता
डरने से या शरमाने से कहाँ पेट मन का भरता
चैन सुकून मिट जायेगा सब
मनुज जिये महाभारत में
माँ-बापू की छाया रहते
धूप खिलेगी भारत में।
हर हालत में ढूँढ़ना होगा मानभरा अमृत प्याला
जो उष्मा से तरल हो सके गरमी की दे जो हाला
जो खुशबू दे महकाये और मान बढ़ाये जीवन का
धरती से ऊपर उठकर जो मुँह चुमेगा विजन का
हृदय-हृदय का भेद मिटे तो
बने गेह हर हालत में
जहाँ देखकर सुख में, सबका
दिन कटेगा भारत में
बचपन का जीवन कब विकसा
कभी किसी भी हाजत में
बचपन बंधन से बंध घुटकर
घुटा, खिला नहीं पावस में।

धुन

जिस दुनिया में रहता हूँ मैं उसमें ही गुम जाता हूँ
रमने का है शौक रमण करने में ही रम जाता हूँ
सुर चढ़ जाता है इतना कि सनकी मैं कहलाता हूँ
अपने काम में रमकर मैं तो खुद को ही भूल जाता हूँ
कोई भूला दुनिया को ही
खुद से खुद न निकल सका
अपने धुन में गुम रमता जो
दुनिया को वही नचा सका।
दुनिया की है साख उसी से जिसने अंतर्कथा बुनी
अंतर्व्यथा प्रकट कर जिसने घोट लिया जन-प्राण घुटी
दुनिया के कष्टों को जाना अपना कष्ट बिसार दिया।
दुष्टों को अपनाया अपना कह खुद को दुत्कार दिया
दुनिया की पीड़ा को माना बड़ा,
लघु माना खुद-पीड़
छौनी-छप्पर उजड़ा देखा
उसे बनाया, छोड़ा नीड़
घरबसिया से साधु हो गये, यही प्रमाणक, यही चरित्र
दुष्टों की हरे चोटिल पीड़ा, यही साधुता है कुलशील
यही उचित कि पीनेवाला पीड़ा पीकर बने पियाँक
दुनिया को वह राह दिखाये अंधी दुनिया की वह आँख।
उसको कहती है दुनिया धुन
हर घुन को मारे चुन-चुन
चमक बिखेरे, भाव रचे, गुण

गुणता से बनता सद् गुण।
जनहित की सेवा में जो-जो
बदन रात-दिन गला सका
वही मीलस्तंभ बना
इस दुनिया में तन मिला खड़ा।

गू–चोर

सोनू बोला
आया था
मेरे घर में चोर
धन–दौलत को नहीं चुराया
मौसी से गुपचुप बतियाया
हाथ पकड़ मुंडेर तक गया
चूमा, भाग चोर।
बिजली आयी बल्ब जल गया
छुपा हुआ वह मुझे दीख गया
देखा मुझको भागा धड़फड़
अंधेरे में गया, गुम गया
दम साधे था, थम–थम चलता
कदम कोई आवाज न होती
मुँह में लगी हुई गलमोछी
फिर भी मैं पहचान कर लिया
जो हँस–हँस मौसी से कहता
'चोर न सहे अँजोर'
भागा रे, भागा रे
मुझे देख दु—गोड़वा चोर।
मम्मी से बोला—चुप कर दी
मुँह ढँक हाथों से मुँह सी दी
वह आवाज दबाकर रख दी
पापा से बोला, उसने भी

कहा कि मौसी मिली हुई है
जाने वह उसने क्यों यह की
शायद उसे अकेलेपन का काट खा रहा होगा कीड़ा
बाँट-कुट करने की इच्छा रही हो शायद दुखी क्षणों की
इसीलिए छुप आता बौआ
करने को गँठजोड़
चोर नहीं, चूहा बनकर आता
घर वह गू-चोर
याद है मुझको उसदिन का भी
जिसदिन मौसी पास में सोयी
ठीक अर्द्धरात्रि होते ही
मौसी उठ किवाड़ खोल दी
आकर मौसी फिर से सो गई
नींद न आयी थी उनको तब
खुद बेचैन थी, हमें सुलाती
कहती-बौआ सो जाना अब
काटे, रात कटे न निंदिया दे बेचैनी झकझोर
मौन रात रही उन्हें सताती
दरद रहा था गौण।

उसी क्षण देखा मुख्य द्वार से
अंदर कोई आया चुप-चुप
ठिठका, छुपा हुआ था उस क्षण
लगा आँकता नजर किसी की
नजरों की वह तौल
मैं सोचा कि मौसी से डर
भागेगा यह चोर
लेकिन, देखा चोर को
मौसी को देख हुआ बेखौफ
सोया मुझको जाना था वह
मुझे गोद ले चला कहीं पर
लगा, मुझे कहीं मार न दे यह
इसी खौफ से आँख खोलकर

मैं बोल पड़ा बेलौस
चोर, चोर, घर चोर है आया
मौसी बोली— यह घोर
है अनर्थ का वक्त
यहाँ अब नहीं सुरक्षित ठौर।
घोर है कलियुग दिनदहाड़े
चोर करे बरजोर।
आया था कल मेरे घर में
बड़ हठधरवा चोर।

गुदना (गोदना)

मम्मी, मम्मी बिछुवा हमरे हाथ में भी गुदवा दे
पापा का जो नाम तुम्हारे हाथ में
वह गुदवा दे
छाती, कमर, कलाई में, हर जगह चित्र गुदवा दे
दिल में मीत की याद, चुभन की बात छुअन गुदवा दे।
बेटी, 'बिछुवा' पापा की है याद मेरे हाथों में
मारा था जब डंक कलंकी, बची उन्हीं हाथों से
जिसने प्रेम किया था टूटकर हमपे थोड़ा तरस खा
वही गुदाया, भुलूं तो खोजी जाऊँ चिन्हों से
लेकिन बेटी, आज के दिन में
गुमी हुई, नहीं मिलती
जो गुम गई तो गुमी
यदि न गुमी वो खुद ही गुमती
अब बिछुवा का डंक और भी
हो जाता जहरीला
समय आ गया ऐसा,
चढ़ता जहर भी है गर्वीला।
कैसे बिछुवा तुम्हें गुदाऊँ, जो खुद जहर न चाहूँ!
पितरों को कर याद री बिटिया! कैसे धरम गंवाऊँ?
जो कहती हो, पापा का हो नाम तेरे हाथों में
रीत नहीं है ऐसी, क्या रखा है इन नामों में
रीत यदि है तो भी यह कि मीत का नाम हो कर पर
और बड़ी हो, स्वयं परख गुदवाना उन सालों में

इससे अच्छा क्या होगा
        माँ-बाप कलंक न ढोये
जैसा बीज बोओगे
        वैसा फसल तुम्हीं काटोगे
दुनिया भी नहीं कर सकती, भला
        माँ-बाप का जोर चला है
जबरदस्ती वर माथों पर
        हित समझ थोप रखा है
इस दहेज-दानव के युग में कोई नाम यदि गुदवा लो
होगी बड़ी खुशी री बिटिया जो अपना हित पहचानो
        छाती, कमर कलाई में गुदवाना नाम सहज है,
        नाम किसी का लिखकर उसका होना नहीं सरल है
        पहले भला लगेगा, लेकिन बाद-बाद काटेगा
        वही सुंदरता का बाधक बन सौत न्योत आयेगा
पहले तो रक्षा की खातिर
        यह सब हो पाता था
और ड्योढ़ी पर डोली उतरने से ही
        बचा जाता था
दिल में मीत की याद
        यदि चाहो तो उसे उतारो
राधा, मीरा, गोपा बन
        एक वर में गोता मारो
        चुभन, छुअन की मधुरिम यादें जिद से सहेजो, न, भूलो
        अहसासों की मृगतृष्णा 'मृत' बहकाये पग, समझो!
बेटी, बेटी बिछुआ ही क्यों? शक्ति को पहचानो
तुम्हीं लक्ष्मी, सरस्वती तुम्हीं इस जग को सत्य पे डालो।

जीवन का कुँआ

झाँपल कुईयाँ, खोदल कुईयाँ
देख, भाई रे! देखल कुइयाँ
जे हो जावे फुस्स–दामाद वो घर में कहलाये बरगईयाँ
जेकर घर में पाहुन पहुँचे बहुत दिनन पर वही गोसईयां
बीबी के आंचल में जे दिन–रात रहे नाचे ता थैया
बीबी के भूख देख गुजारे रात वही तो होवत सैंया।
घर पर आये मेहमां
बनकर कोई भैया
सब भगवान समान
हों आगत चाहे भुईयाँ।
सुख की खोज में हाँफत भागे मिले न छैंया
दुख से लड़ तकदीर बनाये पाये ढैया
दूध–दूहन को मनभर चारा मिले तो होवे सीधी गैया
जे दोसर के खातिर गड्ढा खोदे, डूबे उन्हकर नैया
बड़े जनों की सेवा में
जे हाजिर, वो हैं नाम कमैया
विद्या–बुद्धि पाकर उनसे
पेड़ बने, जो फले रुपया।

सब पानी

देखो रे, खेल!
        दुत्त पूत गेल
अंगुली में ओढ़नी लपेट
खिंचलक औ कर देलक खेल
गंजन है, खेल कुतखेल
अब बेटा दलदल में गेल।
बचपन से देखा
        करे खूब फुटानी
करके बहाना
        करे मारामारी
चोटी खींच मौके पर कैलक नकेल
केकरो देखलअ पर अँखिया गुरेर
देखे, करे भंग खेल
टोंका फँसा करे मेल।
अब तो लड़कपन में
ही सीना ताने।
बेटी भी चलती है
ओढ़नी उड़ाते
देख, सीटी मारे लेकर गुलेल
हिस्स, हिस्स निशाने पे बेल
जैसन हअ नव-पीढ़ी-रेल
समझअ कि सब पानी भेल।

सब्र और समर

भाला नहीं, न बर्छी नहीं कोई हमदर्दी
अगर स्वाद कुछ भला नहीं तो अपनी हाल सुनाओ
चेहरे पर रख लो रूमाल कुछ ठीक नहीं है सरदी
शरद बहुतेरों को घायल करते, हाल सुनाओ।
साजन नहीं, न मीत हैं मिलते, सब हो गये बेदर्दी
हल्दी-चूना लगा-लगा बिन कत्था कथा सुनाओ।
घर-घर में अब आग लग चुकी, उसे बुझाओ जल्दी
नहीं तो, विभावरी रो-धो गाना हो, गान सुनाओ
छेद हो गये दिल-ओ-जिगर में पेश न पाये हल्दी
पंजर-पंजर ढीले हो गये मन का पेंच खुलाओ
दाँव से हारे गाँव-गाँव हर जगह है साकी फरदी
खाद मिले, कैसे विकसे यह दन्त-कथा कह जाओ।
भाव-बुभुक्षा, प्रेम-पिपासा सभी कर रहे गलती
ज्यादा अधीर न हो, घूँट भरकर सब्र तनिक कर जाओ।
पाने की अति उत्कट इच्छा अधीरपने से मिट्टी
जो चाहो वह पा लो अपने हाथ, समर वह पाओ।

फैशन का प्रभाव

लह–लह लहके आग
बिना चूल्हे के, सब बर्बाद
देख, समय की मार!
        आफत पड़ गई अपन कपाल
बुढ़वन, बचवन सब आबाद
बत्तीसी खुले, खुले बाजार।
ऐसे–ऐसे लटके–झटके
        नैन न झपके, हाये!
बलखाये नागिन बन धनियाँ
मौन–मौन फुफकारे
ताव है तो आ बीच धार में
धार में कितनी धार
खार नार, नमकीन जवानी
देख, आग में डाल
अरे बाप, रे बाप! पड़ गयो
अपने मत्थे काल।
भुड़–भुड़ करते बीच आग में
आलू को जब डाला
नैन से निकली लपटें कर गयो
बिना सिझाये काला
दिल बोला–सुकून नहीं,
विश्वास नहीं सरकार
बीच धार में पड़ी जवानी

नाव की है दरकार
खेल नहीं घुरपेंच से निकले
युवा, कामिनी-जार
एक लपेटे के पेटे में
सभी मछलियाँ, रोवे
नैन जुड़ी, न जुड़े दिलों के तार
नींद क्यों खोवें
छल-छल बीच धार की छल
छल में फँसे शिकार
बच-बच चलो, जाल को देखो
कहाँ बिछी है यार!
बीच धार मझधार
चला, पतवार, नाव की डाढ़
जहाँ देख जंजाल, फँसा है सभी
जगह बवाल
शोर-शराबा मचा, ठसक से
चल, चल गुर्गा मार।
मारन-तारण के प्रतिवारण से
होगा उपकार
नहीं तो सब उपकार भी होगा
काल, कपट, उपहास

खैनी लटाई

खैनी लटाइके, चुटकी में धर के (धइके)
जुम्बिश करे धकपेल
मक्खी बराबर ओठवा से चुसलस
थू-थू करे ढकपिलेट
ठकमक है सब चंगेज, बुद्धि दे हैरतअंगेज।
दुनिया में राज्यों के विस्तार खातिर
खून और खराबा हुआ है
जो सर झुकाया वो जिन्दा रहा
न झुकाया तो सर कट गिरा है
सरकंडों से भी गया-गुजरा जीवन खैनी करे बंधेज।
खैनी जो बाँटो तो सन्-सन् संदेहों में
कितने संदेशे छुपे हैं
जिसको भी होगा मुए जाने का डर
अंदेशे कयामत किये हैं
खैनी दे देती है बातें बनाने की राहें, बने संदेश।
थुत्थूर बनाती है। दुर-दुर कराती है
खैनी है आफत की पुड़िया
दाँतों को रंगीन कर देवे खैनी
कैंसर करावे जबुरिया
फिर भी खबर बेखबर ही रहा बाखबर न धरा निर्देश।

साग तुड़ाई के खतरे

साग न तोड़े जाऊँ अब
हम, गे मैनी
छुपल रहे बैताल पकड़ के डाल
बूट के, गे मैनी
पड़ल चित्तांगे आल से टकरा
सखिया-मखिया, गे मैनी
घुच-घुच घुसे फसल की खूँटी फटल बिवाई, गे मैनी।
स्वाद साग के जाने सब कोय चना न खूँटे कोई
नमक लगे हाथों में चट-चट करे तमाशा होई
नाखून दरद करे तब
कोई वैद्य मिले न, मैनी
दो-चार दिनों तक घायल नैना
कहाँ पिरोएँ, मैनी ?
ताक-ताककर हार मितवा होंगे खूब निराश
होगें बात से फिर बेबात
किससे गैल कहेंगे मैनी।
गाँव से बाहर है सुनसां पथ
भूत का पहरा पड़ता
लू का चले थपेड़ा, लप-लप
लप-झप खतरा करता
पड़े किचिन के फेर
सबमिल लिया हमें घंघेट
ले चली गोद उठा उस रोज

चली सजना के घर की ओर
कदम के ताल करे बदनाम, उठावे धूल के काले गेर
करूँ क्या, गे मैनी ?
राह में चलते देख के खोईंचा
सब कोई वैना माँगे
चुप-चुप रही निकलती
लेकिन, चैन मिले न माँगे
बार-बार मुड़-मुड़कर देखूँ
कौन है, कैसा, मैनी ?
सुआ उड़ंकू और घूमंतू घेर-घार करे, मैनी
छुड़ा चुनर के दाग आग की जली तुम्हारी नैनी
साग के फेरे में बीमार पड़ी बिटिया तोर मोरी मैनी।
मेरा नहीं कुसूर गे माई आँख लड़ा बैठी हूँ,
खूँटा बिना किसी के पल्ले बँधी हुई बैठी हूँ।
प्रेम अबेरे कर बैठी, क्या करूँ, हँसे जग माई
तोड़ के आशा घनी निराशा में जा पड़ी हूँ माई
नजर कटा मत यूँ भाँवरे ले कौन कहेगी बिटिया
रूठी इस कदर होगी तो खा लूँगी कई टिकिया
फिर मत कहना रूठ के भागी रोनी सूरत लेकर
दे डाली अरी पाप जनम की गई तो गई दुख देकर
मैं ही अभागिन सात जनम की माँ का भरम नहीं जानी
यह जो जानती होती तब नहीं भूल से मैं पछताती।
कुसूर है कि मैं लाज न जानी बापू को भी लजा दी।
मैं तो चली जाऊँगी मैया रोती हूँ मैंने दगा की
अगले जनम मोहे धारण करना कोख में मैं आऊँगी।
जो कुल-घात दिये हैं उसको धोने पुनि आऊँगी।
माई गे, बछड़ा हँकड़े-हँकड़ते पद्मनाभ से बँधकर।
कौन कुसूर मोर मोसे भई कि चल चली मौत के घर तक।
जात है दोसर, हऊ न भोथर हौ बड़ नीक गे माई
गऊ-जैसा सीधा-सादा वह ठीक है भोला बाबा
कुल-पतरा-जतरा नहीं देखलिं कोख कुकर्म समाई
बोल, बता दूँ, क्या जवाब दूँ मति मोर काम न करती

खाती हूँ जहर की पुड़िया काश, मैं जोश-ए-जवानी से बचती।
जोश-ओ-जोर का इल्म नहीं था एक दिन जहर बनेगा।
आज का पागलपन कल होकर, कहर लिए आयेगा।
चहुँओर घिरा अंधेरा माई जानूँ न पेंच छिहत्तर
दोष न देना, तुम खुश रहना नजर की वार सहनकर।
कहना बापू से अब बस कर!
बेटी की जात कुयोग की बेला
लग गया शनि का चक्कर।

भिखाड़ियों का झगड़ा

भड़-भड़ करते भड़भड़ाते
        धूम-धड़ाका करते
बड़बड़ाता भड़-भुड़ सुनकर
        बूम-बूम हनक दिखाते
हो-हो कर तकरार बढ़ी
        तो जड़ा जोर दोहत्थड़
मूर्त्तिवत् जड़ हुआ
        बदन हो गया धूल से धुक्कड़
तौबा-तौबा, भीख न माँगू
        बोला-भुक्खड़, दुक्खड़
पाला पड़ा बाप से जब
        गुम हो गया पापी दलिद्दर।
बात थी ऐसी पुनिया पापिन पर
        जब नजर पड़ी थी
कत्ल हुआ था दरवाजे पर
        आँख काढ़ रख दी थी
लेकिन, कंगला, मंगला-चंगला
        बीच सड़क पर आया
शोर-शराबा किया, तमाशा बना
        उसे दिखलाया
उसी का गुस्सा करे बहादुर
        कर दिया लप्पड़-थप्पड़
बोली पर चढ़ गया वो आसन

बोली बोला बग्गड़
अग्गड़-बग्गड़ करो न कक्कड़
धड़-धड़ भाग दलिद्दर।
धोती-कुर्त्ता खद्दर की
मलमल की देसी चद्दर
पहना, बिछा बिछौना
डाला टाट, पार्श्व में फद्दर
सजी दूकानें, नेम प्लेट में
अंकित हुआ 'लफंदर'
भाग्य कोई आजमाये
हाथ दिखाये, बने सिकंदर
आला-आला खेल, निराला
खेल खुदा का झग्गड़
गुत्थी जो सुलझावे
सबसे अधिक वही है सुग्घड़
धुक-धुक धुक-पुक करते
धुकपुकाते चला दलिद्दर
गुस्सा से था गाल लाल
थूक थुकथुकाता थुक्कड़।

आफत के कारण

दुनिया है लाचार
    प्रदूषण की ऐसी है मार
    जलालत झेले मनुज हजार
    फिर भी, बाज न आये अपनी आदत से
    गलत-सलत आदत चले आये आफत ले।
जंगल काट उजाड़ किया खेती का करे बहाना
तोड़ पहाड़ों को समतल कर छल करे आज जमाना
जंगलवासी के जीवन का तंग दायरा, जाना—
    बहू-बेटी संग करता है व्यभिचार
    अम्ल डालकर पेड़ सुखाने का फैला व्यापार
    नये पेड़ लगवाने खातिर परिलक्षित अनाचार
भ्रष्टाचार में लिप्त व्यवस्था आज है खुद सांसत में
अग्नि उगलती धरती माता झुलस रही गारत से।
छेद हुआ ओजोन परत में विकिरण बहुविधि होता
पर्यावरण बिगड़ता निशिदिन प्रतिकुलनता छाता।
कहीं नहीं संतुलन दिखे, कृत-कार्य का नहीं भरोसा
उत्सर्जन मल-मूत्र से लेकर औद्योगिक विस्तार।
निमित्त बनी दोहित संसाधन जिसका दिखे प्रसार।
तकनीकी कृत भूल से इंसां सार का करे असार
हर कोई असंतुलित जिन्दगी बना रहा स्वारथ से
जाने न, कैसे यही प्रकृति रची गई पदारथ से।
सकल पदारथ पंच-तत्त्व के रूप में है, यह जाना
फिर भी मानव बिना वजह हस्तक्षेप करे मनमाना।

जीवन का पर्याय है जंगल, आज है वही शिकार
जंगल–कटती मनमानी सूरत में बने विकार
कैसे रूप विकास का ले एक आवश्यक आकार
जाकर कह कुछ करो व्यवस्था वर्षा की सागर से
कुछ उपाय से बढ़िया संयम भरें क्षुब्ध गागर में।

प्रेम सुआ

प्रेम न थोथा होता प्रेम घना होता है
प्रेम है अमृत-तत्व कदाचित घृत-सना होता है।
जब दुख विष बन रक्त में सनता प्रेम सहारा बनता
रक्त-घुले विष पान करे जो प्रेमपगा ही होता है।
बूँद-बूँदकर क्षरता जीवन विरह में दामिनी से जल
जितना बहता आँसू बनकर प्रेम-सुरा होता है।
तनिक न चिंता निज सुधि की होती चिंता उनकी ही
क्लेश, कलह, विकार भी उस पल प्रेमशुदा होता है।
क्या कहें कैसे तय करे मन पथ धावे उनकी रूह तक
लौट खखोरे खुद ही जिया कब प्रेम जुदा होता है?
विला वजह चिंता होती लगे मरण तुल्य जीवन है
प्रेम का पथ प्रभु का पथ होता प्रेम खुदा होता है।
प्रेम में तपने की सूरत में प्रेम विरह पगता है
बिन मांजन चढ़े चमक न, मन जब प्रेमजदा होता है
ये कुमार खुद प्रेम का मारा गम में उतर डूबा है
प्रेम करे रो चित्त का शोधन प्रेम घना होता है।
प्रेम सदिच्छा का अनुवर्षण हितवर्द्धन करे हर पल
प्रेम बना साहिल है, समंदर प्रेमनुमा होता है।
प्रेम न मोथा तोता होता प्रेम क्षमा होता है
जलता, जलता जितना उतना धवल, सघन होता है।
प्रेम का है अभिमान कि माने, हकभर रोष जतावे
प्रेम की आँच पे चढ़के उबलकर प्रेम-धुआँ होता है
गुस्से से जल-जल करे जल आगोश में सनम के आये

जिसपे बरसती कारी बदरिया प्रेम घटा होता है।
प्रेम की ऐसी हरकत, बरकत लट्टु जिसपर यह, जाने
करके खुदा, सावन दम लेता प्रेम सुधा होता है
व्याप्त है सृष्टि की सत्ता प्रकारांतर से प्रांतर में
प्रकृति के घर–आंगन में वह प्रेम जुदा होता है
चिरप्यासी बनी अधर पे साँसें प्रेम–लुटा होता है।
मुआ सुआ क्या करे इस जग में प्राणप्रिया के खातिर
साँस की डोर पकड़ हारा जब प्रेम जुवां होता है।
जड़वत् रज–तम–सत बनी नूतन प्रेम सुआ होता है।

चिंता ऊपरवालों की

किसको दें जीवन किसको गत
        ये सब सोचे ऊपरवाला
हमको तो बस जीना है
जीवन दे, चाहे जो रखवाला
प्रेम प्रतीति हो जबतक
तबतक तो प्रेम निभेगा
रंज की हो अनुभूति तो फिर
गुस्सा भड़क उठेगा
चिंता क्या, किस बात की सोचूँ
जो देगा, देगा रखवाला
करना है विश्वास, वहाँ तक
जाना है, जहाँ वदा निवाला
किसको...ऊपरवाला

चिंता-विंता छोड़ यहीं पर
कृति रचकर देखेंगे
सुख-दुख को समभाव समझकर
सेवा किया करेंगे
किसको दे सुख, किसको दे दुख
काम करे सबका रखवाला
हम तो हैं इंसान महज
इंसान रहेंगे बाँट निवाला
किसको... ऊपरवाला

दुनियावालों गर्व न कर
अहसान खुदा का मानो
दौलत है बड़ी चीज नहीं
झंझट को मिटाना जानो
लंग–तंग परेशानी करेगी
कहर जो ढायेगा रखवाला
अपना दिन सुधार करम–कर
मेल जोल से रह मतवाला
किसको... ऊपरवाला।

लिखनेवालों ने लिख डाला
रंगभरी कूची रख हिम्मत
पट्टा–वट्टा है बेमतलब
टाट रहेंगे रखकर हिम्मत
माथ–हाथ पर खींच लकीरें
मेरे नाम का किया केबाला
जैसा भी हो सका उसी ने
हमें जिलाया बन रखवाला।
किसको... ऊपरवाला।

दुनिया एक जेल

चार दिनों का खेल, रे माही! चार दिनों का खेल
मिट्टी मल ले, कसरत कर ले होगा खूब अजमेल।
कसरतबाजी और कबूतरबाजी में दिन बीता
डूबते पहर में हाथ-पाँव मारे पढ़ता खूब गीता
सुख के दिन चौकड़ी भरे चीतों-सा कर अठखेल
अंत समय आये मुँह खोले किस कारण दुख देत?

वह देता सुमति कि धरती पर जा धरम निबाहो
जो दुखियारे जन हैं उनका साथ दे जरूर उबारो
लेकिन अपने फेर में मनुवा माया रखे सहेज
रोया जो कहे राम-राम उसका वह कसे नकेल।
घी, मेवा और दूध-मलाई चार दिनों की बाटी
सेवा का मेवा भूला, वह, स्वादु हो गया खाँटी
धरम-करम का जुगत जोग कर प्रभु से करे सुमेल
साधु बना करे घृणा का काम अमंगल, हेय।
चार दिनों के बाद ही कुमति रात बनी आयेगी
चार कहारों के कंधों पर ठठरी ले जायेगी
बंधन कस देगा इतना कि बेबस होगा शेर
साँस भी लेना मुश्किल, उठना भी मुश्किल हो खेल।
अंतिम सत्य निभाना होगा कौल जो कर आये हो
सबकुछ छोड़ यहीं पर जाना तय है, क्या पाये हो?

मुँह से तब आवाज नहीं निकलें, जो होंगे फेल!
अब कुलेल का समय नहीं सब छोड़ चलेंगे जेल

जहाँ पे पहरा लगता है बड़ा कठिन नियम-दर्शन का
मौत के चौबारे में यमदंड बिछे फाँस दिखे यम का
चित्रगुप्त लेखा करते दें किन्हें बेड़ी, किन्हें सेल
जिनका धरम रहेगा भारी बढ़े पतन-दर ठेल

बेटी का भविष्य

रूनियाँ, झुनियाँ सभी सगुनियाँ
घोंटे खूब हरमुनियाँ
ठुमरी गावे घूम-घूम नाचे
छम-छम करे पैजनियाँ
लाड़ली सरस्वती की है, घर की
होंगी वे चुनमुनियाँ
बड़े-बड़े स्टेज पे चढ़कर
अपनी कला दिखावे।
चंदा से आगे पृथ्वी-सी
दुनिया खोज दिखा दे
बड़े-बड़े रोगों पे भारी
पड़े खोज की लड़ियाँ
उनकी सेवा रमापति जाने
कहे सब कनबतियाँ।
आज की बेटी गौरवशाली
दिन मेहनत कर गढ़ती
भारी पड़े पुरुष पर,
अव्वल हर विभाग में रहती
चक-धूम, चक-धूम कर-कर के
वो मारे जब पटकनियाँ
बेटी अब नहीं भार रही
हुई धरम की गाड़ी मुनियाँ।
देती वह रसधार खुशी की
जैसे दे रसबुनियाँ।

कत्लगाह की अमराई

ग़म जुबां से नदारद है आँखों में सच्चाई है
बयान लिखा गया बिना कलम क़त्लगाह की अमराई है।
हुस्न-ओ-शवाब ज़िन्दादिल शराब है वल्लाह
मज़े से क़त्ल हो चाहत है नज़र कितनी हरजाई है
बदन बोलता है चुप-चुप लब चुप है वजह गुम है
मगर जो हरकत है उसमें लरजती पुरबाई है।
नहा गई नमी से लवों की वादियां तारी है कशमकश
डूबाने को जी चाहता है जालिम के दिल में गूंजती शहनाई है।
समंदर उफन गया आँखों में मुआ तैरता है सैलाब पर
रोशनी पड़ी दिल-ए-आफताब की रंग-ओ-आब उफन आई है।
ताव-ए-दिल की तावेदारी है चलना है सगुन लेकर
शोख अदाओं की बारात ठहर गई कहीं कहो कैसी बेकरारी है
रस्म-ए-इबादत का इंतजार है मुद्दत से 'कुमार' को
आये, करे खैरमखदम, छुए साँसों से मौसम आँसूओं से डबडबाई है।
बा-कलम लिखता हूँ दिल-ओ-जिगर के पन्नों पर खूँ से
तुम नहीं तो मैं कहाँ, ये जाँ, ये साँसें अपना सर कलम करा आई है।

प्यार का क्षितिज

ये जमीं, ये आसमां न मिले, न सिले करते रहे गिले
बाँहें खुली, लगे गले रहे साँसों की छुअन कुँवारे के कुँवारे
दुश्मन है सारा जमाना हमारे प्यार के, अपनी आँखों देखे
गुल खिले, जले, जलन से रह गये बेचारे के बेचारे
दिल जला खुद, मारता है ताना, पहनकर निकला था बाना
दुल्हा देखा नहीं हसरत से दुल्हन को,
श्रृंगार रह गये पड़े सारे के सारे।
मैं भी हूँ जिद्दी, उसकी तरह नहीं पिद्दी,
एक दिन दुल्हन को लिवा लाऊँगा
इंतजार की घड़ियाँ लंबी,
सह लूँगा जुदाई का गम करारे-करारे।
उन्हें अँकवार लेता हूँ जब तब सुलग उठती है फिजाँ, नादां
पता नहीं, कहां खिसक जाती शरम से
दुल्हनियाँ ढूँढ़ते उन्हें शिकारे-शिकारे
किसी के बहलावे में यदि जो आ गई, होगी मुसीबत
जीवन का क्या होगा, फिर सृष्टि का उन्मिलन जल्दी कहाँ रे!
आकर्षण का पासा फेंकता है सब सज-धजकर शाम-ओ-सुबह
सब रहे खुश, आबाद यही सौभाग्य मेरे भाग्य यही सोचे-विचारे।
कर लूँगा संतोष, दूँगा अक्षत प्यार का मन ही मन से
बर्बादी को फटकने न दूँ पास,
यत्नपूर्वक सदुपाय ऐसा करा दे, करवा रे!
वरना, प्यार की छतरी हो जायेंगी छिद्रित जीवन निराश्रित
पराबैंगनी किरणों का खम है 'कुमार' पहले करेगा निरादृत फिर बेबस

छकाते–छुपाते।
सारे सितारों की तारों की आखों में लालच घूमते अनंतर मारे मंतर
आकाश का दम है रखे संतुलन सहेजे जगत को सकारे–सकारे।
जबकि न मिलता है सुख,
न जवानी, मिला धोखा
फिर भी है एक आसरा प्यार का करेंगे इन्हीं नैनों से दिन–गुजारे

जेलखाना

विदा हुये मैहर से पहने कंगन घर को आये
बिन चूड़ी पहने मैहर है सबको एक दिन जाना,
भांग बहुत है गाँजों की पीकर है मस्त जमाना
गाँजा-चिलम मिले तो फिर ससुराल है जेहलखाना।
पीकर पड़े अनंग कि जैसे सोवे कोई जनाना
करे कोई अपराध, मान ससुराल है जेहलखाना,
न पिये तो हुक्का बंद देख रोवे समाज अनजाना
मुरदा जनानखाने में कैसे जिये कोई मर्दाना।
जो भी लाये गये यहाँ बिन दान-दक्षिणा आये
उत्पीड़न से हाल बुरा सबका है यही सुनाना,
बापू दिया दहेज नहीं तब तो पर-पीड़न पाये
ससुरा बना भुजंग यहाँ, है सबको यही बताना।
खेती किया चिरौरी की, है चिलम नहीं सुलगाना
मगज लगाकर ससुरा बोला, तेरा नहीं ठिकाना,
रिश्ता है अपराध से साबित सूत्र है बड़ा पुराना
मैहर में खाये सब अब ससुराल में खूब डटाना।
ससुरा लेकर चला भड़ुआ के घर दाम लगाने।
पेंच फँसे तो फँसे मगर दिल इससे नहीं लगाना,
वह भी देखके भड़का यह तो कोई दाँव न जाने
यह जमात की नहीं, नहीं है इसपर दया दिखाना।
जीवन है अनमोल, है महती पल-पल का जीवन-रण
सभी जूझते समस्याओं से होता तब कुछ पाना,
फँसा दिये जाने पर जो बर्बाद समय होता है

इन्सां बेबस होकर किस जीवन का लिखे फसाना।
यहाँ तो हुक्का-चिलम की एक आबाद घनी दुनिया है
मुरदा होकर कहे जीवित दुनिया का यही घराना,
जिस दिन होकर दोष-मुक्त मैहर को लौट चलेंगे
उस दिन 'बली समय' का होगा अपना भी अफसाना।

गुनाह

मेरी गुनाहों पे मत जाओ
नजर के तीर चुभे, मुमकिन है।
मेरी गुनाहों की सजा है कितनी
कुँवारी साँसें अमानत हो मेरी, मुमकिन है।
शैतान दिल है संगदिल खूब
हमजवां से हिलमिल आहें भरे, मुमकिन है।
झगड़े-फसादों के नये फसाने हैं
जवानी की गुनाहें गलतफहमी में हो, मुमकिन है।
गुनाहों पे डाल दें परदा जरा मुश्किल है
बुराई ढँकती है जहाँ की अच्छाई, मुमकिन है।
'कुमार' पकड़ी तेरी कमजोरी, नजर टिकाते गर
चाक गिरेबां करते दिल के टुकड़े, मुमकिन है।

निगाहनामा

उनकी गुनाह पर है दिन-रात की चकल्लस
मेरी गुनाह पर है उनकी निगाह जारी।
उसने गुनाहें की है हमसे अधिक संगीं
रोटियों के लाले हैं सब्जियों पे हावी।
मालूम कि झूठे चर्चों ने गुल बहुत खिलाये
चुप-चुप रहे वे ढोते छुप, चुपके सब्जी ताजी।
मालूम-कलम चली है इन्साफ से मुकरकर
जान जानवर सम साहब ने चाँदी काटी
इन्सान का दुर्गंजन देखा है जेल में रह
नफरत मुकाबले हैं बिल्ली के मूत साफी
''मुक्ति की यह हवा है सिक्कों के बल पे चलती
अंधों ने मुट्ठी खोली गिनने को रूपये'' पाजी!
आदेश तयशुदा है, तथ्यों में अनबनें हैं
कुछ अ-पढ़ी असलियत दबा रखे हैं, काजी।
जिन्दा मिसाल बनकर जब साक्ष्य बोलते हैं
अर्थ रस को घोले श्रवण में, अंधे हाजी
रह-रह नमाज पढ़ते और काढ़ते कसीदे
कुर्सी पे उकड़ूँ बैठे मुस्कान फेंके बाजी
सामने में उनके सौदा-सुलफ जो होते
देखकर खनक को हो जाते वो नमाजी
क्योंकि उन्हें पता है घर का पता है मालूम
बिन पाँव चलके उनतक आयेंगे राजी-राजी
घर के पते पे पड़ते हैं सुबह-ओ-शाम पहरे

उज्र पेश करते निभती है पेशकारी
जिन्दा हो या मरा हो, इंसान तो नहीं है
जो जिंदगी यहाँ है वह है नरक निवासी
ये फैसले गढ़े हैं किस्मत विला वजह ही
अंधे औ बहरे बनकर किये हैं नाइंसाफी
साहब जी आपने तो बनकर खुदा दुआ दी
हवा बाँध रखी मेरी कर-करके नामुरादी।
तुमने भरोसे काबिल कोई कसर न छोड़ी
जनता की नाक में दम किया कर रखा धर्म-गाड़ी

कहन

बात कहन की है कि जीवन-धार जिया हदसावे
करना है नदी पार प्रेम से करें ताड़ चढ़ नाचें।
इस दुनिया की, उस दुनिया की कहते समय बिताये
इहलौकिक चिंता में ही उस लोक का लोभ गँवाये
पार-लोक की आशा में यह जीवन व्यर्थ बनाया
चलाचली में कहा कि माया क्योंकर मन भरमाये।
सच्चाई है- हवा-हवाई ही दुनिया की नीति
मोह के वश हम फँसे परिन्दे पर फड़-फड़ फड़कायें।

हम यथार्थ को भूले, ख्वाब के मोल है भल रणनीति
आज का दिन तो बिगड़ा बिगड़ा कल का दिन बिगाड़े
आज को करने में दुरूस्त हम सबकुछ करते हारे
जीवन का है अटल सत्य 'सत्कर्म' सदा जय गाये।
जात-पात और लोभ, मोह, मद, क्रोध विष की वेलि
ईर्ष्या, द्वेष और घृणा घाल रणभेरी बजा डराये
इन दुर्गुण के नाव पे चढ़कर बोले—जय हो, जय हो
थोक है दुख का कारण, भय का कारण क्लेश बढ़ाये।

विजित करें जीवन-जय का पथ बने मरण सरमाये
अहो, मान! उन्नति-गमन का यही सही है बेला
आत्म-प्रेरणा से प्रकृतिशः भाव का आये रेला
छोड़ धुकधुकी, जग में जीने की आशा तड़पाये।

मृत्यु अटल सत्य अवगाहन जीवन-पथ है साक्षी
पिया मिलन को चली बहुरिया गही निजसाखी बाँहें
जन्म-मरण के बंधन से है मुक्ति की प्रत्याशा
मनभावन चरित्र भाव कर पावन, मान निभाये
इसीलिए निज हाथ छुड़ाकर चली भाग वह 'पाखी'
कहीं न माया की जकड़न से मोह-पाश फँसियाये।

सुनो, भाई जेल वासियों

सुनो, भाई, जेलवासियों!
जीवन है बड़ा बेमोल
तेरी जान है अनमोल
बोलो, जो करो खूब शोध
मेरे देशवासियों,
सुनो भाई जेलवासियों।

गर्हित करो, इंसान हो, इंसान की भाषा
चलो इन्सानियत की राह, तुमसे है यही आशा
ये तन किस काम आयेगा गुजर जायेगी जब राका
भरोसा रख, ये दुख के क्षण गुजर जायेंगे साथियों
सुनो भाई जेलवासियों।

कोई इंसान अपराधी नहीं होते हैं जन्मों से
हरेक हालात में इन्सान की पहचां है कर्मों से
भुला देती गुनाहें राहों की निशां कुकर्मों से
धरम के जागनेभर से पड़े कल राहियों
सुनो भाई जेलवासियों।

मुसीबत के क्षणों में पग बहकते, यह नहीं अच्छा
यदि अपराध हो जाये तो पश्चात्ताप है अच्छा
यदि भूला कोई निज घर में वापस लौट के आये
तो समझो बन्दा है सच्चा

महज क्षणभर के पल में क्यों पड़े कमजोर भाईयों
        बना लें हमसफर इस जिन्दगी को जेलवासियों
यदि हम मान लें सेवा को ही नई जिन्दगी, मकसद
जमाना जो कहे भ्रम को मिटा देंगे, करें शुभतर
ये दो पल की है जिनगानी चढ़ें हम ताक के ऊपर
जो अरमां है दिलों में खाक, दे आवाज उनको साथियों।
        सुनो भाई जेलवासियों

प्रेम का बुलावा

तुम कहोगे ठहरकर चले आईये
मैं ठहरकर तुम्हें देख आ जाऊँगी।
जब कहोगे कि गम से किनारा करो
मैं तड़पकर वफाकर कहाँ जाऊँगी।
जाने क्या-क्या कहे कौन-से आदमी
मैं किसी के कहे में क्यूँ आऊँगी।
अब किसी पर भरोसा रहा ही कहाँ
तेरी सूरत भरोसे कहाँ जाऊँगी
तू कहा मत करो उनके संग आईये
संग बादल, हवा है चली आऊँगी।
आज तेरा संदेशा मिला, मत बहक
आँखों को बंद कर देख दिख जाऊँगी।
तुमको मेरी गुनाहों के बाबत कसम
बावफा दिल पुकारे तो आ जाऊँगी।
मन कहे साथ हो तो जहाँ फिर है क्या
तेरे बूते जहाँ लूट ले आऊँगी।

फैशन का फेरा

फुस्स–फुस्स फुसकता है,
        फैशन का फेरा
चुनरी तड़ीपार, कमर का गेंठा बिन
        सब लुम्हेड़ा
देखे सबेरा, खूब अनबेरा।

धुक–पुक के चलती है
        फूँक फूँक मचलती है
अग्गिन लगाकर
        फुहारे उगलती है
जंगल–औ–डाईन–सी लगती ,
        कुबेरा सँपेरिन बुलावे
सँपेरों का फेरा, ले, लट्टु के घेरा!

लंग–तंग ही रहती
        उटंगे पहनती
जमाने को टोपी
        पहनाने को चलती
नींबू औ नारियल का पानी
        बिन माँगे हाजिर है
शातिर जमाना न टेरा, कैसा अंधेरा!

फिर से पुरातन

जमाने में जाते हैं
बंदर और बंदरिया का युग,
सुनाते हैं—
पुरबैया राहें भूली काहे ?
लेढ़ा मुच-मुच करे ला।

जेल में आना

जेल आते कहा था किसी ने— ''लगता है, लंबा हाथ मारा है...
जेल-गेट पर कोई बोला— ''करनी का सब फल''
अंदर घुसने पर पूछा कोई-कितने का हिसाब है भैया''?
गुमटी पर सिपाहियों की टिप्पणी— ''शॉर्टपिच या कि लाँगमार्च''?
वार्ड में कैद मुखिया की तसल्लीभरी उक्ति— ''कै लाख के मामला यौ, सर!
सुबह-सुबह बंदियों का शुभ-वचन— ''घटोला, लाख-लीख कि कोटि-करोड़''

अलग जगह...

अलग लोग...

निहितार्थ एक...

जानने की उत्सुकता— ''गिरफ्तारी का कारण'' और
अपराध की प्रकृति— ''क्षम्य या अक्षम्य''।

प्रतिक्रिया या कहें जबाब—

रास्ते में—''हाँ तेरा बहनोई हूँ!

छोटा हाथ मारना लाजिमी नहीं होता।''

गेट पर— ''तब तो सबुर होता। अभी तो कोफ्त है।''
कैम्पस में— ''दो चार कोटि से कम क्या होगा भाई।''
वार्ड में— ''जितना गाढ़ा मारे वो सारे जोड़कर

हिसाब बैठा लीजियौ, मुखियाजी

सुबह-सुबह— ''राम राम! शुभ-शुभ बोलिये। पौवा-पासी खरीदने से क्या होगा? उड़न-खटोलाभर घटोला (घोटाला) है।''
अलग जगह, अलग लोग, अलग प्रश्न, अलग-अलग जवाब।

जवाब की भिन्न-भिन्न प्रस्तुति क्यों?
इसलिए,
कि अलग मानसिकताओं का अलग-अलग दृष्टिकोण होता है।
हर किसी की आकुलता अभिव्यक्ति के
अलग-अलग रूप को धारण करता है
प्यास की बुझास अलग-अलग तरीकों से होनी ही चाहिये।
प्रतिक्रिया तमाम विचलनों का प्रतिफलन है, अलग-अलग।
हर जवाब के बाद स्वाभाविक, मूक और गौण, प्रतिक्रिया थी, प्रतिबद्धता को बढ़ाती—
सत्य और न्याय के खातिर सैकड़ों जन्म कुर्बान!
परिवार और सुख-चैन की कौन कहे?
भ्रष्टाचार और वदने की भावना की व्याप्ति का आईना है, दुखघोर दुख, फैला चहुँओर।
होता है—दूब की फुनगियों की तरह, मोथे की कंदों की तरह।''
लेकिन,
लोग नहीं समझते,
या समझने की कोशिश नहीं करते,
या समझकर भी नासमझ बनते हैं।
इसीलिए
समझाना बेकार है और
संतुलन के लिए क्रिया के विरूद्ध प्रतिक्रिया आवश्यक है।
अन्यथा,
सहज अभिव्यक्ति भी असहज कर देती है,
तिलमिलाहट का उत्पाद देती है।
असहज प्रश्नों के तीर कैसे चुभते हैं, क्या कहें?
क्या ठिकाना,
अशाब्दिक निस्तब्ध हृदय की भाषा जो मूक कर दे
फिर आँसूओं के सैलाब किसे-किसको,
कहाँ-कहाँ डूबा मारेंगें, ठिकाना है!
तत्काल तो फौलाद, मिट्टी के औलाद (संभावनाओं के बीज)
मिट्टी में ही दबे हैं...
मिट्टी के गुण-धर्मवश।

अनुकूलनता की तलाश में तत्पर रहें
हालात और परिवेश को तौलता उबलता रहे 'अंकुर' को बचाये
तांडव के दिन तो आते ही हैं, शाश्वत मौत की तरह, चुप-चुप
महारथियों को होता है— "अंगुलियों के पोरों पर दिन गिनना,
प्रतिकूलनता के बादलों के छँटने का
इंतजार करते"
जय और अनय इंतजार उन्हीं का करते हैं,
जो घुटन को हँस-हँस पी लेते हैं।
दुख, जहर को समर का साधन समझ बेतकल्लुफी से जी लेते हैं।
सत्य-सार जब हृदय में उतरता है—
"मूक कर देता है, बूत कर देता है
आँखों की भाषा की धार तेज करता है
तजता है, लोभ-क्षोभ क्रोध-अम्ल भक्ति
पजता है, पजता है खूब-खूब शास्ति
श्वस्ति का अंबर अंबारमय होता है
गढ़ता परनिंदा से निंदक का सुख-पथ
मढ़ता विष-वेलि से जन-जन का सत्पथ
शुद्ध-बुद्ध होता है, गौरव को पाता है
उन्मना उन्नत हो सौरभ उगाता है।
धुल, फूल होकर जब महकाती दुनिया।
कहते हैं, ऐसा ही लाल अजब होता है।"
परिणामस्वरूप,
"मौन धर लेता हूँ, बूत बन जीता हूँ
देखता हूँ— गौण हुआ अपराधमूलक जीवन
अपराध की अपवंचना की सुघड़ है प्रतीति
अपराध में भी रहकर अपराध को ही भजते हैं
सत्य सार्थवाह सतत् गीता को रचते हैं
शोधन-उद्‌बोधन का गान-गीत होता है।
दलदल में खिलकर ही पंकज विहँसता है।"
सोचता हूँ मन ही मन, पूछता हूँ आप से—
"जेलखाना, कैसा रहा मेरा आना ?
गुनाहों से रक्षित का गुनहगार माना जाना

सत्य-न्याय-भक्ति का क्षरणशील भावता
सजता हूँ अपनी रवानी से दिन-दिन
साजूँगा मानव का जीवन किसी दिन
देखूँगा, कैसे समन्दर न होता हूँ
लोगों के दुख से विचलित हो, गलता हूँ
हिमखंड-सा सौष्ठव है, फूलों का मार्दव है
कोकिल विडंबनाओं से क्षर उबरता हूँ
जोशिल प्रवाह का जीवन ही धारा है
ऊब-चुभ, आलोड़न से यौवन की पारा है
        जेल-जीवन गारा है
दुख से आप्लावित, आख्यायित, व्याख्यायित
अपराधियों का जीवन, हित-सुख-शोधन का
सच्चे अर्थों , सच्चे मायनों में क्या-क्या तरीका है, सोचने का मौका है
        जेल-जीवन प्रयोगशाला है।''
सब देख-बुझकर,
        ''दूर हो गई है मेरी सारी शिकायतें
        दु:ख-दर्द जो मिले रचे उससे रवायतें
        दु:ख-भोग करते महावीर यहाँ भी हैं
        बेमतलब ही कानूनी किरचें भी खालती हैं
        संघर्षशील मायावी रूहों को काट-कूट
        बलुई उड़ानों से आँखों की दृष्टि बाधित है,
        साधित है जेहन में चेतन समष्टि
        चेतनाभूत अंगारों पे लोटती है आशा
        विजन में उठती उमंगित निराशा
फिर भी,
        आंदोलित हैं, व्यूहबद्ध होंगे ही
        निर्जन में विजन का सृजन करेंगे ही
        पाये, जो जेलों में, पूंजीभूत होंगे
        घनीभूत वेदनायें गौरव गढ़ेंगे
        राहें भी देंगे, वे
        नित् बढ़ते जाने की
        हौसलों से बढ़कर

उन्मनन–रथ सजाने की
बेला है कलुषित
प्रवंचित न होंगे
इन्हीं जेल–जीवन से
जय–पथ गढ़ेंगे
संबंध–सूत्र ढूँढ़कर।''

ओह, कैसा जीवन! कितने हैं संकट!!
जीवन में कितने दुख!!
वत्स काट देखेंगे, बंधन
निष्काम्य दासता, यौवन से छल! क्यों प्रमंथन?
मेरी साध देखो,
दुख, भूख देख मन करूणामय होता है
वेदना समूल ज्ञान–गुण है प्रभंजन।
भविष्य–द्वार खुल जाता
द्युति से, द्युति के भय से, अनय से।
अहो, मेरा आना, जेलखाना
रहा न निरर्थक
बीर से वीरों का मिलन चाहता विजयोत्सव, सधेपन से।
अहर्निश... अहर्निश... अहर्निश... अहर्निश।

पैमाल-ए-दिल

जमाना कुछ कहे,
        जो हाल है पैमाल-ए-दिल अपना
        वही तो हाल है युग का
        फ़्ना, पैमाने हैं दुख का।
हमारे सामने कोई जो रो-रोकर सुबकता है
गनीमत, पीठ पीछे वह हँसी की जाल बुनता है
हमारी आस्था के हाल पर जैसी चिता साजे
मुआ विश्वास ही उद्भाष देता है, पुनीत रूह का
        सुना, मयखाने है, छलता।
गणितों में रहे उलझे नमक, मिर्ची जुटाना है
अरे, धनियाँ की भाँति खल-मूसल में धुन धुनाना है
मसालेदार दुनिया में मशालों की जरूरत है
हमारी चाहत के पीछे कबूतरबाज है रंगा
        गुणा, फटेहाल रूह उसका।
जरूरतमंद लोगों के घरों में हो कोई आमद
कोई खाने पे बुलवाये, भले ही काम के बाबत
करे घर की सुराखों की मरम्मति प्रेम से मढ़कर
बुलावे पर डटे पानी-हवा करे जी की खुशामद
        जरूरत जंजाल-ए-जग भाल है समता।

सैंडिल की मार

चला बजरिया लिए हजरिया
        दस-बीस-पाँच रूपया
बीबी को खरबूजा समझा
        मारा नैन सिपहिया
देखा, समझा गोली चल गई
        नकबेसर पर, हाय!
दिल थामे सब घोलट रहा था
        मारक बन गया बाय।
(कसम, नहीं है खैर, कि पहरावे पर बम चल जाय।)
पलटा मैं भी नयन-तीर ले
        बाण फटाफट मारा
उधर से वह थी घात लगाये
        नैनन तीर सँभाला
खड़ा सिपहिया बक बन था
बेटी जब बाण पेसाय
कुहक-कुहक रह गया
        काम से गया नजर खोंसाय।
(जवानी चम-चम-चम-चमकाय जवानी चिता चढ़ि बल खाय।)
बीच बजरिया खड़े रहे जो
        उनके पड़े न पल्ले
मेरी और सिपहिया की
        बीबी लड़ पड़ी धड़ल्ले
बोली जब आक्षेप लगाकर

तोर खसम मर जाय
नहीं, रे बुढ़वा तोर मरदवा नैनन से चल जाय।
(कि रोवे लोर-झोर सुबकाय जवानी नमक-बिना गल जाय)
उन्हें नहीं मालूम कि मरनेवाला
तभी मरा था
सोना समझा सौदा
सौदा मँहगा बहुत पड़ा था
घुच-पुच करते सटाक
मारा जोर का झटका हाय
बिजली बनी थी दोनों
सैंडिल मगज पे पड़ गई, दाय
(कि तड़पे यार बिना नून खाय, नहीं तो सीधे शनि चढ़ जाय।)

बापू की हार

बाउ जी का... ... ...
मूँछ उखाड़ा, मूँछ उखाड़ा
बाबूजी को
पूत पछाड़ा मूँछ उखाड़ा।
बाबूजी धिया-पुता के संग खेले
धूल समझ अपना जीवन को, फूल खिलाये
चरणों का ले, धूल वस्त्र पर हँसते-हँसते
झूठ-मुठ की आँख दिखाकर खूब दहाड़ा
        कपड़ों को गंदाकर
        अपनी शान बघारा ?
खीं-खीं करता कभी तमाचा गाल पे मारे
बाल पकड़कर जोर-जोर से माथ हिलाते
गंदे हाथों कभी मुँह के दाँत गिनाये
मुँह कुप्पा कर रूठे, लेकिन पूत न माने
        हर नक्षत्र हो गये निरर्थक
        कुनक्षत्र बन मान बिगाड़ा।
बेटा कुर्सी पकड़ लिया अब चिंता क्या है ?
मगर की भाँति मूल है पकड़े, होता क्या है ?
बाप हो गया घर का नौकर, निभता घर, न, हुआ गुजारा
पोता-पोती, नाती-नतिनी सबका जिम्मा बाप, सहारा
फिर भी चाय, न, खैनी मिलती
        मित्र भी रहा, बापू हारा।

लत्त की सुरक्षा

मारो, मारो!
गाछी देखो!
कर देगा बर्बादी जी
घर का भुआ, कद्दू, कोहड़ा
बचे रहे, देखो भौजी!
हरेक साल छत पर फलती है लौकी, सेम, परोर की लत्त
नहीं मँगाना पड़ता है बाजार से सब्जी, बचत अलग
स्वाद निराला होता है खूब चाव से खाते मेहमां सब
यहाँ का बैना दूर-दूर तक धूम मचाता खाता जब।
खच्चर है बड़का बौआ
न सुने, करे मनमौजी जी
पकड़ो इसको, तुम्हीं सँभालो
गयी काम से लौकी जी।
जिद्दी अब हो गया बड़ा ही दाँत काटता है खूब जोर
हाथ पकड़ जब गोद उठाया, रो-रो भरा किया बरजोर
नीचे उतरा, गुस्से में भर जाकर पेड़ उखाड़ा और
देखिये, भूत बना कैसा लगता मुन्ना कितना चित्तचोर?
दाँती कटा निशान दिखाता—
'हाथ का घाव चिरौंजी-सी'
फट्टी लेकर घेर दिया लत्त
कहा कि और उखाड़ो जी!

लला के जन्म की बधाई

लल्ला जनमा लाला जी का
        लाला का घर हुआ आबाद
मिली बधाई इष्ट-मित्र की
        जगवा करता जिन्दाबाद।
लालाजी है बड़े पुणी जो पाये लल्ला साठे में
साबित कर दिखलाया कि दम और है बाकी पाठे में
धूम मचाओ, कूदो-नाचो, पर्व मनाओ लालाजी
सौ की दमड़ी नहीं चलेगी, सौदा पटे न घाटे में
        अल्ला करे कि सौ-सौ पूत हो
        लाल-ए-लाल से हों आबाद
        कम-से-कम दो-चार हजरिया
दो, तब होगा जिन्दाबाद।
महँगाई है बड़ी बावली रोज रूलाती रहती है
मिर्ची झोंके आँखों में और गाल लाल कर जाती है
हालत बड़ी बुरी है लाला, लल्ला बड़ा निराला है
भाग्य करेगा चर्र-चर्र, रतनजोत-सी प्रबल गृहस्थी है
        कम-से-कम महीनाभर का ही
                दे, भर रूखसत पूरो मियाद
        गोद खेलाने को तब दूँगी
                जब कर दोगे हमें आजाद।
लालाजी को गरज पड़ी थी, आज तृप्त होना जो था
सूखा बादल आज नमी ले आया, उसे बरसना था
बंजर धरती जैसे बरखा से जाती है हुलस-हुलस

आँखों में नमी आयी वैसे, वृथा न वह पल करना था
पाँच हजरिया रखा हाथ पर
कहा, लल्ला को दो आशीर्वाद
बरसों-बरस जिये मेरी उम्र ले
खुश रह! तुम सब हो आजाद।

बौआ का पेशाब

मुँह में मुता, मुँह-मुत्ता
और है हँसता, ठठा-ठठा
कितनी अधिक है बेशर्मी
        कूदे-नाचे, यह कुत्ता
दादा पोता का पखुरा धर कहा, बहू लें बेटा को
पानी एक गिलास दीजिए मुँह में मुतता है यह तो
सुनकर बहू हँसी, फिर दौड़ी पानी ले बाहर आयी
नीचे रख गिलास, बौआ को पकड़ी, कही लखेरा हो!
        दादाजी को भींगा दिया
                मुँह में मूत हँसते, वाह बेटा!
        बड़े जो हो जाओगे तब तो
                और हो जाओगे पट्ठा
नहीं चाहिए ऐसा करना, गोद न लेंगे तब दादा
फिर कैसे तुम खेलोगे? अभी नहीं खिलौनों का वादा
पहले तो उस काबिल हो लो अभी तो तुम्हीं खिलौना हो
गरीब बाप के अमीर पूत बन होना तुम सीधा-सादा
        नाम करेगा दादाजी का
                तब मानेंगे खूब, बेटा
        ऐसा किया है पोता
                जैसा करना होता न ठट्ठा
बड़े प्रेम से मुँह चूमी फिर उसे उछाली ऊपर को
गोद लिये फिर अंदर जाकर दुहरायी फिर खुश हो-हो
रह-रह मुस्काती थी उस दिन ससुर की सेवा की मनभर

उत्साहित हो खाना लाती, चाय पिलाती थी सबको
बोली, पापा धोती लीजिए
इसे बदल लें, वह दे दें!
साफ करेंगे बौआ का मूत
बोली–बौआ, तू झूठा!

बच्चन का झगड़ा

रगड़ा-झगड़ा करे बुतरूअन तब बड़कन जन भाखे
''ताल ठोक मैदान में कूदे बाद-बाद पछताये—
यह बच्चों की आदत है, या कहें, बीमारी-जैसा
लड़ता, लफड़ा करता, फिर करे ''हुआ नहीं कुछ'' जैसा
बड़कन करे जो सिर फुटौव्वल रिपुपन पाले, लड़ जाये
बड़कन जन बच्चन-से बुड़बक, झगड़ पड़े सिर खाये।
डाँट-डपट सुन अभिभावक का बच्चन हँसी उड़ाता
कभी मार के डर से भागे गेंद छोड़ छुप जाता
आत्मग्लानिवश गुस्सा में हो क्षुब्ध, बिगाड़ हठ रखता।
बचपन की गति जान-समझ यदि गुस्सा मगज न चाटे
तब हठ, जिद सुलझे! बच्चे झगड़ों से त्राण पा जायें।

याद रखना

याद आये तो मेरी तलब करना
नहीं तो मैं सताऊँगा, याद रखना
अपनी पलकों को यूँ ही खुला मत रखो
नहीं तो मैं सपन बन फिसल जाऊँगा
तेरी नींदें उचट जायेगी उस बखत
हाथ आकर न मैं हाथ लग पाऊँगा।
मैं नजर आऊँ तब आँख बन्द रखना
नहीं तो मैं रूलाऊँगा याद रखना।
यदि शिकवा-शिकायत हो, तो कुछ कहो
नहीं तो मानूँगा रूष्ट हो अब तलक
हाँ तड़पती हो अपनी ही गलती से तुम
है गँवारा नहीं, खोलें मूँदी पलक।
नींद तड़पाये तो यादें क्या-क्या करे
सोओगी तो सताऊँगा, याद रखना।

सच क्यों भाता है

क्यों सच इतना भाता है
मेरा दिल मुझे रूलाता है
कष्ट का कारण सब दिखता
फिर भी, सच अतीव सुहाता है।
दुख का कारण नहीं कोई
सच के खातिर लड़ता हूँ
शांति काम्य सनातन से
उसकी वकालत करता हूँ
इसीलिए दुख पाता हूँ
इसीलिए रूह रोती है।
मैं निर्विवाद जीवन जीता
लेकिन, विवाद में फँस जाता
है स्वच्छ चरित्र दर्पण-जैसा
सच से धूल उछल उसपर पड़ती
नहीं कर मलिन नही मन मलिन
पर, म्लान, क्लान्त मुझे सच करता
मेरा मन ठाने हठ रहता
अनुनय से सदा विलग रहता
बेवजह बड़ाई भाये ना
मक्खननवाजी मन क्यों करता ?
इसीलिए कठोर वचन कहता
कटु वचन बना सच तब मथता।
इन्सान मैं सहज सच-पोषक हूँ, इसीलिए कष्ट मैं पाता हूँ।

खेतारी खातिर

चंदा भैया कमा रूपया दिहो हिस्सा बाँट के
वरना, मत खेतारी खातिर फसल ले जअइहो काट के
बड़काभैया, सूरज बाबू भले दूर में रहते हैं।
विकिरण से बातें करते और गरम-गरम कुछ रहते हैं
कहते हैं सब पता हमें है चंदा लेता छाँट के
आँख दिखा घोड़ा कहता है कहो! दिखा दूँ काट के।
कहाँ-कहाँ क्या कहता फिरता चंदा हमें भी मालूम है
मनमानी खूब करता रखता छुपा कमाई सुनते हैं
जब आयेंगे दशाश्व रथी तब दाम लगेंगे काम के
जिसका हिस्सा जितना होगा उन्हें मिलेंगे बाँट के।
जहाँ खेतारी होता है उस घर में नहीं बरकत है
कामचोरी फलती, बिकती है फसल छुपा, यही हरकत है
लोग समझते हैं अच्छा पर यह घर की बर्बादी है
धीरे-धीरे मिटती है बुनियाद रखे घर चाट के।
हम भी अब नहीं माफकरेंगे गुल-ओ-फूल गुलफाम के।

चाँद पर चर्चा

मेरे बापू कहते हैं हमसे, उस चाँद पे चर्चा होती है
मेरा मुन्ना राजा कैसा है? मुझे इसकी चिन्ता रहती है।
अब वह हो गया होगा जिद्दी, उसपल भी तो वह जिद्दी था
जब मैं छुप जाता था घन में पाने को मचलता होता था
झट से मैं दिखाता था सूरत खुश होकर वह मुसकाता था
मुस्कान बला की फिरोजी मैं देख अदा मर जाता था।
कहता था—"मेरा मुन्ना राजा मेरी किरण तुझे गह रहती है।
मैंने भी धरातल समतल की, तुम आ जाओ मेरी इच्छा है
यदि कहीं लगे तुझे कठिनाई मुझे याद करो यही इच्छा है
तकनीक बड़े ईजाद किये मुझे खुशी हुई यह देख-समझ
मुझे फतह करो, मत हारो, तुम! संशय को न पालो किसी प्रहर।
चर्चा में उठी-इंसानों की दुनिया में मेरी धुन रमती है।
नानामुखी ज्वाला दुनिया की ज्वालामुखी बनकर फुटती है
मेरी शीतलता को देख-समझ, जब पाँव रखे भ्रम मिटती है
जो लोग कहे राहू ने ग्रसा उन्हें मालूम हो मेरी संरचना
यह ऊबड़-खाबड़ नद-पर्वत मेरे हाथों गुनी मेरी है रचना
मेरा स्नेह निमंत्रण मुन्ना को, वह आये पवन संग, कहती है,

पीड़ा

जिस्म में जमा हो गया है मवाद
जाम हो गयी है जिस्मानी घड़ियाँ
डोलती है संवेदनाओं की लहरों पर
लट्ठ भंवरावर्त्ती खुशियाँ
        सोचता है
माथापच्ची बेकार है
सबकुछ करने के बाद भी
सबकुछ बकवास है।
हाथ आयी पीड़ा आबाद है।
सोख लाया था दुख पर-कातरता से
निचोड़ पाया था खुद को संघनन-दर-संघनन से
सत्व जो जमा था अस्तित्व का
वाष्पीकृत होता रहा शनैः-शनैः
बचकर हो गया था दीन
        रह गयी थी शेष मानवता
अनावृत, अनादृत, निराधृत
शातिर और जात-बाहर सर्वेन्द्रियां
वलयावृत्त सुखानुभूति पात-पात भागती
        डोल-पात, डोल-पात गाती
ठुमक-ठुमक डाल-डाल भाग-भाग जाती
रूनक-झुनक, रूनक-झुनक इत-उत आती
धावन को क्रोध, जोश, वेगवान साथी
धाता, न आता कुछ हाथ, न कुछ पास

ठिसुआयी हँसी आती, रोष-क्षोभ कीलक उठता
जब-जब हिलोर लेता प्राणवन्त जीवन
प्लाज्म की मारकता मार बनी जान लेता
तेरा-मेरा साथ क्या? साथ है तो बात क्या?
तेरे दुख की है बात, मेरी पीड़ा अपार
तेरे सुख की बिसात म्हारी पीड़ा अगाध
आई, आई, आई, आई आई-गई, आई-गई।
दुख की है बात, दुखती रग ही कमजोर भई
दुख की बारात बनी पीड़ा अंजोर लई।

किस्सागोई

क्या करती है बिटिया रानी?
छोटे राजा से क्या कहती लाड़ो बेटी!
        बिटिया बोली-कहती हूँ किस्सा राजा से
        कौआ कैसे रोटी ठग भागे बौआ से?
        समभफाती हूँ कुत्ता कैसे मूर्ख बना था
        छाँही पर भूँकने को ज्योंही मुँह खोला था
रोटी गिर गई, छोटे राजा!
कौआ लेकर भागा रोटी।
        नानीजी कहती थी हमसे कथा-कहानी।
        अब हूँ आठ बरस की पहले और थी छोटी॥
        छोटे राजा का कहना था और एक कह।
        बड़ा अजीब लगता था सुनना साँस साधकर॥
प्यारी दीदी एक कहानी और सुना दो!
भूत पकड़ दादाजी लाये वही सुना दो...
        कैसे भूत हुआ था वश में, दादा कैसे बाँचे पोथी।
        लालच में जब फंसा भूत तब, कैसे बाँधे दादा-पोती॥
        सुनकर लाडो उत्सुकता से बोली हमको पता नहीं है
        शायद बापूजी ही जाने किस्सा हमने सुना नहीं है
        फिर सब मिलकर बोला बापू हमको यही कथा बतला दो
        दादा कैसे भूत पकड़कर डिबिया में लाया दिखला दो
बापू गुन-गुन कथा सुनाया, भूतनी खेले गाना-गोटी।
भर अँकवार में ले दोनो को, बोला—'भूतनी हो गई छोटी'॥
        दादाजी पढ़कर विद्या से फूँक दिया था जब भूतनी को।

दादा के संग खेल रमा जब निकट आ गई थी भूतनी वो॥
तो फिर बाँधा, मार घुसाया, मार के आगे भूतनी रोती।
माफकरो दादाजी हमको, और चुरा न खाऊँ रोटी॥
दूसरों का हिस्सा जो खाता, वह फिर हो जाती है छोटी।
चोरी करना ठीक नहीं है, यही बात सच होती बेटी॥

भैंसा का दूध

बाबाजी मुँह खोलो अपना, भैंसवा बिअईलो, हाँ, कि 'ना'।
रोटी खिलैबो अपने घर के, दूध पिलैबअ 'हाँ' कि 'ना'॥
हमरे घर में पाँच भैंस थी, सावन से वह गई बिसूख।
माखन, दूध, दही बिन रोटी देती नहीं है कोई सुख॥
बापू मोरा गैया लावे गेलै परसों बड़ा बाजार।
कीमत उसकी बहुत अधिक थी, कीन न पाया, रोवे जार॥
माफकरो बाबाजी, भैंसवावाला दूध पिलैबअ न!
भुंजा देवो लाके तोहरा, घी बरकईबअ 'हाँ' कि 'ना'।
कहते हैं बड़का बाबूजी बाबा सोन्हा, मुरमुर खाय।
एक बरस में चार बार बाबा के भैंसवा रहत बियाय॥
लेकिन, दिखे न कोई पाड़ा क्योंकि सबसे वह शरमाय।
बाबाजी, बाबाजी भैंसवावाला, पाड़ा हमें दिखइबअ न।1
खोल के खूँटा नहीं भगैबो, मक्खन चिखइबअ 'हाँ' कि 'ना'।
इस दुनिया में बाबाजी से बड़का बाबा कोई ना॥
गाँववासियों सुनो गौर से कान लगाकर, खोये ना।
पाड़ा ढूँढ़के ला दे भैया भैंसवा दूह दिखा कोई॥
भर-भर लोटा दूधिया को भी मिले दुहाय के, दूह कोई।
चीनी लगे न, मीठा इतना दूध दे बाबा के भैंसवा
साग खिलईलियो, घास गढ़लियो दही खिलइबअ 'हाँ कि 'ना'
बाबाजी सच-सच बतलाना, दीन-ईमान पे रहबअ न!
दूध बचावे खातिर बोल न, झूठ पिलइबअ 'हाँ' कि 'ना'॥
तीन बियानी गेलो बाबा, चौथ बियानी आ गेलो
अस्सी बरस के बाद बुढ़ापे में फगुआ अब चढ़ गेलो

भाई, रे भाई, फन्-फन् बाबा करे चौथपन में देखो
होली के बहुरंग चढ़े चोखा तो बुढ़वा सहक गयो
बूढ़ी भैंसों के संग बाबा भाग रहे सबने देखा
दूध पिलअइबअ तब तो अच्छा, वरना हल्ला कर देवो
बगुला भगत बने ई बाबा लोल मार देखे सगरो
गत है उम्र के साथ कथा, बाबाजी लस्सी पिलइबअ न!

घोंघ-हाल झुन

घुन-घुन-घुन घोंघा घुन-घुन-घुन
कुतर-कुतर घास खाये घुन-घुन-घुन।
पास में बिचाली की झोपड़ी थी, सुन!
सूंघ-सूंघ के धीरे-धीरे घोंघा चले झूम
साँप, चूहा, नेवला का भय भी गया गुम
खोल में है रक्षा का दर्शन, रहे धुत्त।
हुड़ी-हुड़ी-हुड़ घोंघा घुन-घुन-घुन॥
रात-दिन चैन नहीं, चिंता फित्तूर
जागत-सोबत सोचत रहे घुन लगा घुन
बोलत नाहीं कछु भयो 'घोंघा' सपूत
रोग भयो कोई या कि जागा कोई धुन।
सिर धुन-धुन बोले बेटा चाट लेता घुन॥
बोल बेटा, बोल बेटा घोंघा-सा क्यों चुप?
वीरन को सताये नहीं छाया, नहीं धूप
कोई कुछ कहा है तो बता दे मेरे पूत
है कोई बात, तो बता! दें उसको पूर।
घोंघा खोले मुँह तो निकाले मोती, धुन!
बेटा तू सलामत तो सलामत है, कुछ गुन!
घोंघ-हाल देख माँ-बापू का दिल बिखून
तड़पे, पूछे, बात क्या है! बोल बेटा झुन॥

पंडित जी की झोपड़ी

हैलो खेलावन,
        बोल भाई, रावण!
पंडितजी की झोपड़ी केंकियाए
        कोई मुर्गी है क्या?
दबी-दबी शोर हुई
        चोर आया हल्ला मचा
पंडितजी केकरो दबोच लिये क्या?
काँय-कूँय खूब करे, झोपड़ी में क्या?
        ऐ भाई खेलावन,
        झोपड़ी में घुस
सावधान, पंडितजी करअ हौ फुस्स
डिबिया जला ले, झोपड़ी में डाल दे
चुपके से लात मार जल्दी से भाग ले
मुर्गी निकलतौ फुद-फुद-फुद
        भेद खोल पंडित के
                तोड़ दे गुरूर
        रोज-रोज वेद भाँजे
                माँगे खजूर।
रे रावण,
        भीतर खड़ाऊँ
मीठी-सी आवाज आयी, क्या खाऊँ
बाहर में औरतानी चप्पल है, देख-देख
झोपड़ी करे हिलडुल देख भाई, देख

चप्पल–खड़ाऊँ ले आना तो फुर्र–फुर्र
शापपाश लेके, पाप–वाप धोके
पंड़ितजी ऐतौ निकल लेना भफट से
चल, चल खेलावन
ले, चल ले रावण
बिल्ली की म्याऊँ कि दूध पाऊँ
छींका का भाग्य फूटा झोपड़ी में क्या?
भड़केंगे तड़के पंडितजी तो क्या?

चोर-तोर-मोर

खेल, खेल, खेल!
तोर बाबू चोर
        मोर बाबू मोर
खेल, खेल, खेल!
मोर बाबू मोर
        तोर बाबू चोर।
ठेला पर गाजर ले जईतो बाजार
        तोर बाबू, नै तोर बाबू
पोथी-पतरा दाब-दूब काँख तर ले जईतौ
        मोर बाबू, नै तोर बाबू
अच्छा नै, गाजर खरीदे बहाने ले भागतौ
        तोर बाबू, नै तोर बाबू
राजा के कोठी पर खूब धो-नहाकर वेद बाँचतौ
        मोर बाबू, नै मोर बाबू।
तोर-मोर छोड़!
        माया-न-मोह
बाबू को छोड़,
        दादू अब चोर।
खेल, खेल, खेल!
        तोर दादू चोर
मोर दादू मोर
        खेल, खेल, खेल!
मोर दादू मोर,

तोर दादू चोर
छाता, घड़ी चोरी कर भागे में मार खइतौ, तोर दादू
नै तोर दादू
कॉपी-कलमचोरवा सबकुछ बुड़ाकर बेटा पढ़ैतो
मोर दादू, नै मोर दादू
हाय रे, खरबका में तोर बाबू, तोर दादू
वाह रे, बढ़िमका में मोर बाबू, मोर दादू
ऐसन अंधेर में होतौ न खेल
भाग गया मुसना भूसना को ठेल।

माँ–बेटा का मान–मनौवल

रूठा हुआ था—
　　माई से बोला—
बकरी चराके करबै गुजारा
　　हरगिज नै पढ़बौ कि करबहिं?
नून–रोटी दाब के रह जईबौ
　　हरगिज नै खइबौ करबहिं कि?
तब माई बोली,
　　बेटा, इतना न गुस्सा करी!
बेटाजी पढ़बअ तअ तू कुरसी चढ़बअ
　　नै पढ़बअ करबअहिं कि?
पढ़े–लिखे के नै गू के, न, गोबर के,
　　रह जअइबअ ऐसेहिं करबहअ कि!
जे जुटे खाय ले, जे मिले पाय ले
　　पण, भूखे पेट करबअ कि
गइहअ भजन होके कीर्त्तनियाँ, भूखे
　　रहबअ कपट से रातभर कँपसते
　　करबअ तअ करबअ कि!
कुछ और चिढ़ाया
　　कुछ माँ से बोला—
गाय–भैंस चरइबौ, सुअर चरइबौ
　　लेकिन नै पढ़बौ, सुन लेलहिं
बड़ मारअ हिं, दही देवो नै करअहिं
　　एकरा से अच्छा छछुन्दर, नै सुनबौ सुन लेलहिं।

माँ तब तड़पकर
बोली, रे बेटा!
गुस्सा किस बात का? बेटा निमोनिया में दही नै खाय के
तबीयत बिगड़ जैतो तब माई खूब रोतौ
लोर-झोर करबैतो
फिर भी नै सुनबअ तअ तोर माई मर जैतो
भोग लिहअ राजपाट, तब खूब सुकून मिलतौ
जे इच्छा खा लिहअ।
मरने के नाम पर
नानीजी याद आई
दौड़ा तड़पकर
माँ से चिपक बोला—
अच्छा, तू दाल-रोटी, दूध-भात जो भी दे
खा लूँगा, पढ़ लूँगा
अब तो तू खुश
रोओगी तो मम्मीजी तुमसे न बात करूँ
आँसू पोंछा मम्मी की, बोला— न रूठ!
जैसे तू कहबअ वैसे ही करबौ।
तब होबअ खुश
मम्मी का गाल चूम नोजी हुलका दिया
हँस, साँस लिया जोर, किया सुर्र, सुर्र, सुर्र।

बीबी की बद्धबारी

टन्-टन्-टन्-टन् 'टुनटुन' बाजे
बोल टनाटन घुंघरू
उड़क-उड़क के घोड़ा चलिहें
टुनटुनावे लंगड़ू
        धूम-धड़ाके से घोड़ा चढ़े
घुड़सवार निर्भय
        या-सवार ही चढ़े-गिरे
चाहे हो जय या हो खय।

* * *

मेह-मेह के बात बना-रस
राज पी नाचे भंगड़ू
महरी बोली ता-धिन, ता-धिन
बड़ा चुतड़घस झगड़ू
        मारे जोर, जवानी चढ़ गई
'नशा' करे थेई-थेई
        गिरकर घिस्सा मारे, हारे
चचा पटनियां वेई।

* * *

महरी फू-फूकर फुफकारे
टुनटुन हो गये भगड़ू
महरी देखी, भागा! दौड़ी

रूको बजा दूँ, डमरू
        हो गई तनातनी दन् जय
टुनटुन पढ़े-लिखे नहीं, हय
        हिन-हिन-हिन-हिन हिनहिनाये
सर-ए-राह खड़े, घेरे संशय

* * *

गई बद्धवारी जबसे टुनटुन की,
हो गई अंधेर
जे आवे महरी से माँगे
सुबह-ओ-शाम कर टेर
        जोश-ओ-जान जवानी भी
है पानीमय, संशय
        दुर्दिन भाग सुदिन वदे
करे रद्य-ब-रद्य-- रय-रय।

* * *

गुन घुन-घुन घुन-बुतरू।
मजा आ गया मिलन हुआ
थे मिलनसार छुतहरू
        रंग चढ़ा धानी पर घम-घम
छौड़न हो गये गबरू
        गबर-गबर खाये गुड़ बोले
घुनवन्तों की जय।

* * *

लबड़-लबड़ मत कर, रे बतहा!
चनाचूड़ ले, खाना
स्कूल से आती नित-दिन
सोंधी खुशबू तभी जाना
        जभी सुखाडू के पुतोहू संग

लटपट–सटपट देखा
        कर बेटी का थमबावे
टुनटुन कर थामे रेखा
        हो गई पढ़ा–पढ़ी सुरमई।
छाई पनकुकरी कुरचै।
        चोरी पकड़े चचा पटनियाँ
तब रेखा बीबी भई, गई।
        महरी से पूछा, फिर घोड़ा,
गया बनारस? ...नै!
बोली महरी, यहीं रहा
घूम–फिर, टुन–टुन, घरवैया हय।
बताते चढ़ गई रंग चंपई।
आँखें हुई सागर लय–मय

नारी की नियति

अँऽ... अँऽऽ... अँ ऽ ऽ ऽ ऽ ऽ ऽ
भीतर से आवाज आई बच्चा के रोने की।
माँ सुन तड़प बोली—कुछ देर और बेटा,
थोड़ी देर दम धर, हुआ कुछ क्या बेटा?
माता थी, डरती थी—
अखरी और पिपरी का कोई ठिकाना क्या
बिल्ली, छछुन्दर और साँप का भी आना क्या?
बच्चों को देखकर लार टपक आता है
निर्बल का राज देख काट-वाट खाता है।
गुंधी आटा छोड़ दी
चकला को फेंक दी
दौड़ी-दौड़ी भागी, देखी-जाग गया नींद से
बोतल लायी, दूध भर लगा दी फिर मुँह से
बोली—बेटा, अब्बू के खाने का बेर हुआ
कुछ देर ठहर जाना, रोया तो गनीमत हुआ।
झाँप-झूँप चादर से
चूल्हा के पास चली
माता के साथ माँ की ममता दुलारभरी।
डर था कि जब आ जायेगा पति भूखा, फिर गाली देगा
कुतिया और डायन कह बाल नोच मारेगा, चमड़ी उधेड़ देगा।
जल्दी-जल्दी रोटी बेल करती पहाड़ खड़ा और बड़ा, और बड़ा
रह-रह कड़ाही की छिपली हटाती थी सब्जी पकाती रही हाथ चला
आँख हुई लाल-लाल, आलू के ज्यों फाँक

धुआँ से लोर–झोर आँख, बाल धूसर ताँत
फिर से किलकारी गूंजी–
गूँ... गूँ... ऊँ ऽ ऽ ऽ ऽ ऽ ऽ
आया पति पूछा तभी
बौआ रोये क्यूँ ?
भाग चली माता रतनार बनी, हूँ...ऽ ऽ ऽ...
करता कलेजा था धुक–धुक–धुक, चितवन का प्यार
बोले–रूक, रूक, रूक
धूँ... धू... धू ऽ ऽ ऽ
जलती लपट करे फू... फू... फूऽ ऽ ऽ

कविता का पाठ

मामा आया, मामा आया
आठ बजे वह कविता गाया।
बौआ को भी याद हो गया;
क्यों मामा को नहीं, सुनाया?
    कुक्कू बोला—माँ, तू झूठी! मामा आया, किधर गया?
    रोज कविता तुम्हें सुनाता, मैं कब सुनता मुझे बता?
    तेरी आँखें चालाक, चतुर मेरी आँखें है आलू-फाँक
    तेरी नजरों को है पाँखें, मेरी नजरों को है पाँव
तेरी आँखें क्यों वाचाल
    मेरी आँखें क्यों निर्वाक
छलती हो चंदा से
    बचपन को, छलिया खुद है जज्बात
    पूछेगा भगवान तुम्हीं से, क्यों बच्चों को ठगती हो?
    जैसे हमको पता नहीं कुछ किस दुनिया में रहती हो?
    चंदा मामा इस दुनिया में आयेगा तो क्या लेकर!
    किस मुँह से आयेगा, क्या ले जायेगा क्या-क्या देकर
तुम्हीं बुलाओ, तुम्हीं जानो
    तुम्हीं कविता सुन लेना
कह देना, मैं उससे रूठा
    मकसद रहा न कुछ लेना।
माँ चल तू उस कमरे में मैं तुम्हें कविता कहता हूँ
माँ से बढ़कर कौन, कविता? ममता कवि मम् कहता हूँ।
बचपन की भुखाड़ आँख में कविता तेरी उतरती है

आँखों के सागर में मछली तभी चमकती बढ़ती है
क्या अच्छा होगा उसदिन
जब आँख का तारा चमक उठे
कविता कहने को व्याकुल
फिर, चंदा मामा मिले छुपे।
ऐसे तो वह चोर की भाँति
आता है और जाता है
भाँजा से बिन मिले, बहन से
मिलकर कविता गाता है।

चाँद से आस

सुनने में आती है
ऊपर से पहाड़ लटकेगा
ज्वालामुखी फुटेगा जब-तब
लावा इधर बहेगा
क्या अच्छा हो कि गंगाजी भू पर बहना छोड़ें
नीचे का अकाल, बाढ़ सब चाँद पे चढ़के दौड़े
खेत खरीदकर खेती कर अब फसल काटकर लाये
फिर हमसब इक्कागाड़ी से उसी चाँद तक जायें।
इतनी बड़ी आबादी है
कुछ चाँद पे गेह बनाये
चमचम, लड्डू खाने को
चाँद की सैर कराये
बरफी, पेड़ा और इमरती धरती को ही डँसती है
बी.पी., सुगर से बेहाल कर इस जगती को गँसती है
लालच कोई थाम न पाता, खाता है मनमाना
दूर चाँद पर नरक बसे
यह धरती स्वर्ग का घर हो
धरती का उत्ताप चाँद करे
शीतलित, प्रेमिल, मन को
इस धरती पर आज प्रदूषण का साम्राज्य है फैला
बासी हवा फेफड़ों में भर करे चमन को मैला
टी.बी., कोढ़पन से धरती की बसी गृहस्थी थमती
बसे दरिद्री आँचल में तो खून के आँसू देती

यहाँ पे हो हरियाली
चाँद पे जाये दूषित पानी
हवा वहीं विसरित हो दूषित
अमृत इधर बहाती!
तब मानें कि चाँद की शीतलता वातास, द्रवित है
जहाँ बहे भावों की सरिता वहीं चाँद का घर है
डंडा-गिल्ली खेलें भू पर चाँद पे खुशियाँ छाये
भाँजा को खेलता देखे तब मामा शोर मचावे
ढिबरी की अब काम नहीं है
सोलर लैम्प जलावे
फैले जब-जब अंधकार
मामा रोशनी दिखलावे।

बच्चों का कुतखेल

हियो लियो भाग रे,
    हियो लियो भाग ले!
कन्हुआ के देखअ है
    काटे ले दौड़अ है
झबरा के पूँछ में
    एक ईंट बाँध रे
देखिहअ तमाशा तब
    झाँव-झाँव के, साँवरे
हियो-लियो, काटेगा
    कुत्ता, ले, भाग ले!
बच्चों की भीड़ थी, कुत्ता भी ढीठ था
बच्चों के संग-संग कुत्ता भी खेलता
जैसे-जैसे कोई करता इशारा
वैसे ही भूँकता और करता बेचारा
    शैतान बच्चे जो
        थे उसमें, बोला
    देख लेना कैसे फटे
        जैसे फटे गोला
पेट्रोल से भींगा कागज का गेंद था
उससे जुड़े थे पटाखों की लड़ियाँ
पूँछ को उठा करके रगड़ा था गेंद को
डर था कि काटेगा, छोड़ा पटाखों को
        भों-भों कर नाच करे

कुत्ता रहा भागता
ताली पीट बच्चे भी
खुशियाँ मनाता
खुशियों का जोर था, छाया सुरूर था
आगे-आगे कुत्ता पीछे-पीछे बच्चे भागता
आगे में गड्ढा था कुत्ता जाके बोर गया
शोर मची, भाग रे! आगे हौ खतरा।

प्रेम में चाहिये क्या

पुरुष का प्रेम प्रेम से शुरू होता है
और वासना पर समाप्त?
और नारी का?
नारी का प्रेम वासना से प्रारंभ होता है
और प्रेम पर समाप्त।
नारी के लिए प्रेम को साबित करना कठिन है,
पुरुष को साबित करना आसान;
क्योंकि मगरमच्छों के आँसू वास्तविकता के पैमाने नहीं होते
पैमाने होते हैं दिखावों के। दुखों का सहते-सहते
दुखों के पैमाल से अनभिज्ञ हो जाती हैं स्त्रियाँ।
नारी चिरंतन खेलों की पुनरावृत्ति में विश्वास
नहीं करती, खासकर विविध प्रेम-स्रोतों से प्रक्रिया—
प्रारंभ के बिन्दु पर,
वह एक प्रेम-स्रोत की उबाऊ चक्रीय क्रिया की पोषितामात्र होती है
किंतु, विविध प्रेम-श्रोतों को अपनाते ही
नारी पीड़िता हो जाती है और पुरूष उत्पीड़क।
पुरुष अज्ञात चिरंतन छलावों की पुनरावृत्ति का प्रयोग करने से नहीं
चूकता, लेकिन चिरंतनता के प्रकृत निष्कर्ष पर स्खलित हो जाता है
पुरूष, प्रेम को प्रेम-श्रोत से पलायनवादी बना देता है।
रंगीन मिजाजी में तभी भरमता है—
''प्रेम की खोज में, अपनों की तलाश में।''
पुरुष की प्रयोगधर्मिता और नारी का सिमटाव
प्रेम के प्रमेय का सिद्ध सूत्र है—

''प्रेम-निष्कर्ष का सामाजिक—
सामासिक विधेयन-एक पूरा जीवन चक्र।''
प्रेम ओढ़ना है, बिछौना है
जिसे जरूरत मुताबिक ओढ़ लेना है
और जरूरत मुताबिक बिछा लेना है
प्रेम काँटों के बाग का खिला फूल है, गुलाब जैसा
जिसे तोड़ना है तो तोड़कर तुरंत बालों में टाँक भी लेना है
हद तो यह कि यह इबादत है और नियति भी
जिसका टेर अबतक कोई नहीं पा सका है
शायद संभव भी नहीं, इबादत से आगे की
अगोचर दुनिया की स्थितियों का चित्रण।
लेकिन, तय है कि प्रेम नियंता की नजदीकियों का अहसास है, तो है
दिलासा भी है कि भरोसेमंद विश्वास आस्था को श्रद्धा से बाँधती है
और अवस्था को प्रेम से जोड़ती है।
प्रेम यह है वह है, ...की शाश्वत चर्चा है
बेलाग परिचर्चाओं की तरह साहचर्यित।
प्रेम अल्लाह का दिया हुआ नूर है, नेमतों की बरकत है
प्रेम ईश्वर की पूजा है—
जो आस्था-अवस्था में चोंच लड़ाकर प्रेम और श्रद्धा की पींगे बढ़ाता है
जो भक्ति और समर्पण में प्रेय और श्रेय से मढ़कर ईश्वरत्व प्राप्ति की
कामना से भी अधिक क्षुधातुरता दिखलाता है
ईश्वरीय गुणों से विभूषित मानकर वक्त की लकीर पर
आकांक्षी का साथ चाहता है—प्रेमी
संग-संग जीने-मरने की कसमें, वे वादें, वे ख्याल
जो दुःस्वप्न को यथार्थ बतलाते हैं
आसमान के तारे तोड़ लाने की वचनबद्धता के प्रति अपनी प्रतिबद्धता
जतलाते हैं
जो अबतक नहीं हुआ, वही तो करना है
तभी प्रेम की अनुभूति को स्पर्शपरक होना है,
कहने का एक कहावत है-
''अंगुली पकड़कर पहुँचा पकड़ना''
ऐसे अयथार्थ सब्जबाग दिखलाना, सपने खिलाना-पिलाना

सुंघाना प्रेम का आदिम आरंभ है,
फिर आद्य विकास पाता है—अंतस्तल में बैठकर
जहाँ अंतश्चेतना तौलती है एक-दूसरे को,
किन्तु प्रेम का उन्माद और कुंठा भावावेग से अनुभवों की
दीप्तियों को तिमिराच्छन्न कर देती है,
जिससे अच्छे-बुरे की आहट नहीं सुनाई पड़ती,
न ही अक्श दिखाई पड़ता—
नतीजा, अक्ल जाये चरने, चाहे माँ-बाप की प्रतिष्ठा जाये भांड़ में।
स्वाद! रस से पगता है, रसपान रसिक हो किया करता है,
रसिया भ्रमर बन जाता है
फूलों की पंखुड़ियों की बंध-पत्र को काट डालता है
उन्मुक्त हो स्वच्छन्द विहार करता है
प्रकृति की उन्मुक्त सत्ता का साज-शृंगार देखने को
अन्य फूलों पर मंडराता है, भरमता है
जहाँ प्रेम का अंत समझा जाता है, इसीलिए लौकिक है
इससे बाद की दुनिया में भावों की सरितायें नहीं
इसीलिए अलौकिकताओं की समृद्धि है, विशिष्टयाँ है
उत्कोच की समृद्ध, परम्पराओं की जहाँ न निभती है,
न निभाने की जरूरत है—
निभाने की जरूरत भी नहीं समझी जाती, मान्य लोक परंपराओं में।
वह प्रेम अपने समर्पण से आकर्षण, विकर्षण से अंतस्संघर्षण,
आदान-प्रदान,
सुख-दुख विधान के वशीभूत प्रेम-बीज सृजता है
जो देखता है, समझता है
सरपट रगड़ा जाता है रपटाता है
रंदों के समान आरी और वसूला के निकष पर
कहीं लावारिसों की मूर्त्तियाँ गढ़ी जाती है,
कहीं आँखों का नूर बालू की किरचें बनकर दृष्टिकोण को खालती है
कहीं ईखों की काँप और बाँस की तीलियों की धार बनकर घृणा को
माँजती है-नजीजा कि हश्र आततायी होता है,
कोई किसी को मार डालता है,
कोई किसी को अधिकार मुक्त कर देता है

अपवंचनाएँ सदैव आकर्षित किये रखती है
दृष्ट–वृत्ति को अपने अभिमुख
जहाँ आधुनिक खड़ा होता है
तमाम खूबियों और खामियों के साथ
सिर के बल पैरों के मुकाम पर सहेतुक।
आह... ओह... उह... आ... उच के साथ।
तमाम मृगतृष्णा मायालोक में दौड़वाती रहती है
अमृत–घरिया जैसे सामने रखी हो, पाने हेतु जैसे स्वस्ति और सौभाग्य,
जिसके बिना काम नहीं चलेगा
लेकिन दुनिया बदस्तूर अपने अक्ष पर अपने सौरमंडल की कक्षा में
घूमती दैनिक–क्रिया को अंजाम देती रहती है
अपने सूर्य के गिर्द बला की खुबसूरती के साथ
गार्हस्थ्य जीवन की विडम्बनाओं को झेलना जो होता है—
तर्कसंगत होने की जुगाड़ में।
प्रेम संभावनाओं और क्षमाशील वैचितयों की जुगाड़
टेक्नोलॉजी का नाम है,
जिसे अपने–आप को पाना होता है और
अपने–आप में किसी को पाना होता है—
अपने शक्ल–सूरत में वक्त का मिजाज भाँपकर
यथार्थ की जमीन पर खोजपरक अर्थ की तलाश को।
न निराश हो मानव मन! सुखों का अवगुंठन और प्रेम का उत्कोच
स्वीकार्य हो
भविष्य की तुला में स्वीकार्य हो प्रेम का अवदान,
जो बनाता है मचान, मकान, महान और श्मशान भी।
निर्भर आप पर–प्रेम में आखिर आपको चाहिये क्या?

सैर सपाटे का भोक्ता

मुझे रोक नहीं, मेरे बाप!
मगन मैं
आज हूँ सैर सपाटे पर।
तितली बनकर बाग में पहुँचा
देखा दुधिया मालिन
शोख अदा से चूड़ियाँ खनकी
चंचल नैन थी नागिन
बड़भागिन, उसी क्षण आया हिमपात का मुख पर झोंका
निर्बाध कुँवारा नाग वहाँ पर डाल चुका था घेरा
स्वर घुंघरू से निकली हँसी फूटे अनारों जैसी
दोनों गले ऐसे लिपटे जैसे पोईयाँ की बूटी
देखा, किया जैसे घात धनुष्टंकार
कि जल–भुन
पड़ा हूँ नीम अंगारे पर।
मछली बनकर धारा के संग
बहता चला गया था
तभी चंदोवा चंद्रहास का जाल
जटिल बिछवाया
कहीं गरई, कहीं बड़ी बुआरी अपनी अक्ल लगाये
अगल कृशा थी सोन मछरिया दीदा जिन्हें दिखाये
डर गई, भागी, छुटे तीर–सी खंडित कूल शरण में
वह भी भयातुर डरपी, चिहूँकी काल वेग में धमके
बड़ी मछली की हरकतें ज्यों हावी रहे लट् लकार

लघुत्तम राहों से
लघु मीन नहीं पहुँचे कुशल ठिकाने पर।
चिड़िया बन उड़ चला गगन में
कोई न रोके-टोके
चंचल चन्द्रकिरण कहे दुर्दिन
चन्द्र-थाल दूध भोगे
कौआ सुदिन में चाल चला, जो दिल की बात, मैं जानूँ
चोंच को मढ़ी जो कनक-चाँदनी अबतक छले मैं मानूँ
तोता का जब चोंच देखता जलता, वेग से उड़ता
लोल मार करे घायल चंदा होकर विकल तड़पता
अवसर का कुभाग बने जब चंद्रहार
दुर्दिन तो आये पर-बे-पर।
भौंरा बन अनुगुंज ले चला अपने गुंजन के संग
चिंता ही अचिन्त्य, संक्रामक कर गये आज अमंगल
लट्ठ है बचपन, यौवन, गति पर भौंरा बन बल खाये
साथ-साथ में बुढ़उ बिगड़ गये वे भी कुसुम-दल चाहे
ये बाजार उपभोक्ताओं के माकुल सुघड़ रसीला
भला-बुरा का भेद अभेदक चक्षुघात हठीला
सेवा, दया, समर्पण हुआ विकार
न रोके रूके
अनवरत क्षरण है हद-बेहद तत्पर
ग्रह की गति में चक्र लगाकर
पाँव मे, मैं रहा घूमता
देखा पछाड़ा, किसी को संवारा
हविष्य बना रहा जलता
भविष्य हवि-कूप में है पड़ा अब कोई तो अग्नि खँगाले
कर्म और श्रम का भरोसा लेकर खुद को कोई सँभाले
समय की धारा का नहीं पारा तितली न भौंरा थाहे
चिड़ियों की गति में न ताव है बड़ी मछलियाँ ताके-
बचते-बचाते मैं रहा, भोक्ता
हलक से हो गये पार।

आतंक का मासूम चेहरा

ओ मेहरबां देख लो
वक्त एक तासीर है।
कमजर्फजिन्दगी हमारी आज तक डरती निभी
बँट गई रोटी हमारी, बँट गई है भूख भी
आँसूओं की धार बेबस
दबदबा काफिर है।
कौन है साबित मुलाजिम आईनों की टूट से
कौन है साबूत, समय का गाल बजने जबलगे!
आगे देखो, फागुनी रूत
शान-ए-दिन तजवीज है।
छँट गया है अब धुआँ और छँट गये है कोहरे
आदमी कीमत को लेकर हो गये है दोहरे
नाज-ओ-दम अंदाज के अल्फाज सर
आंतक ही मेरे लाल की ताबीज है।
सप्तरंगी इन्द्रधनु की ऊर्मियाँ एक छोर पर
छोड़ दी जाती है बहुधा वाणी का मुख मोड़कर
स्वर बदलने की कला की रार ही
एकरंगे को बताता मुख्तलिक ताबीर है।
राम की तस्वीर को समझा रहीम है एक तवा
और कुछ रहमत भरोसे राम होते बेवफा
सेंक ली जाती है बूँदें आँसूओं की, आन पर
"युगपटल पर हम अलग" तालीम है।
कौन कहता है रहम की रूह भी होती अलग?

चेहरे हैं आतंक के मासूम, लेकिन हैं कलंक
सर के ऊपर हाथ रखनेवालों का दुख-दर्द कम
चैन और संतोष की भाषा ही, बस तंजीम है।
बेबसी और बेरूखी करती गरीबी को फत्तह
ख्वाब का इमाम नित् दिन गढ़ रहा फत्तवा दीगर
पाईभर ईमान को रद्दोबदलकर खुद बदल
जिन्दगी और मौत की कशमकश तफरीह है।
यह जहाँ भी एक पियाला, दे रहा सबकत कोई
पीनेवाला, पानेवाला खुद को बाँटे, रूह रोयी
इख्तियारी हाथ में आजमाईशों की पहल पर
फलसफा-ए-जिन्दगी पल-पल की तकरीर है।
रो रहे हैं ठोकते कपाल को भ्रमजाल पर
गढ़ लो खुद मियाद बढ़कर, भाग्य का इंसाफकर
तस्वीर आदमजात की संभावनाओं में प्रबल
दो हाथ करने का जुनूं अब जंग में तब्दील है।
देश की आजाद भौहें तन रही है उर्ध्वमुख
झबरा भी कटाहपन से हो रहा विवर्त्तमुख
अरूण सूर्योदित तरुण आभा है उन्मादित प्रखर
जंग को जंगल समझकर मत घुसो, ताकीद है
स्याहपन के रंग में है साँप-छछुन्दर रंगे
संग रहते हैं उभय, अंधा और कोढ़ी द्वय बने
हांड़ी से हुण्डी की यात्रा पर बेचैनी है भविष्य
भूख से होकर बगावत आँच हो, तौहीन है।
वास्तविकता है... समस्या को समझते है नहीं
खेल जैसा मानते कौतुक करे सुनीति भी
एक तिनका रख जलाते तीली माचिस की अगर
''गुमशुदा बारूद चीखता'' यह बुरी तकनीक है।
काफिला-ए-फख का है जाम आखिर अर्थ ही
धुम्र तो है आब-ए-जमजम रूह की खातिर ही
सपने, आँसू, भाग्य के बुलंद अफसाने दफन
नीति बीती रीति की सौगात कुछ तशरीफ है।

काल-धारा : खूसट डायन

गुम हो गया हूँ—'अपने शहरों में'
ढूँढ़ रहा हूँ घर का दरवाजा
मिलती, है संकीर्णताएँ।
गलियाँ अति संकीर्ण हो गयी
उसमें जितना धँसना चाहा
उतना ज्यादा फँसता गया हूँ—
जीवन का इकबाल भँवर में,
जाने क्या खोया क्या पाया?
लहरों पर चढ़ रमा हुआ हूँ
क्या कहूँ, हाल है क्या शहरों में।
दर-दर बैठा है कोलाहल
चिल्ल-पों से बहरापन छायी
सन्नाटा अंतर-अंतर में
खाँव-खाँव करता लालची मन
धुआँ-धुआँ-सा गगनविजित तम
गम में गुम, पहरेदारी पर
बैठा है इन्सान सिमटकर
उकड़ू अपने दरवाजे पर
मुर्गा बाँग न देगा अब तो
चिल्लाना होगा खुद को ही हलक फाड़कर
अपनापन, पहचान गुमा हूँ
अपने घरों में
ढूँढ़ रहा हूँ पाया घर का

दीखती है वहशियाँ।
ढही-सी दीवारें नूनखाह हो गयी
टिकना चाहा जितना उसपर
उतना ही गिरता भी रहा हूँ।
ढहती आशाओं के क्षितिज पर
क्या चित्रित? क्या नहीं अनल में
मिलने को बेताव प्रभा से
हवा, हवा के विरूद्ध बढ़ा हूँ
क्या कहूँ? स्वाद है क्या शहरों के।
घर की बहुरिया गई अकेली सब्जी लाने
बाजारों से, लौट न पायी
रंगीनी में गुम गई
धुन में तोड़ पगहिया
भाग गई किसी के संग
उसकी हाथ पकड़कर
हो गया असंग-लेरू मर्माहत/भूखा
पस्तहाल हुँक्करता, कूदता
तोड़ ना पाता भेद का फंदा
अब बथान गोबरीला दीखता
मच्छड़ का आश्रयणी जैसा
दूध भी जहर सरीखा लगता
मन हो गया उचाट
कि बबुआ अबतक लौट न पाया क्यों?
शायद लाश लादकर लाये निज कंधों पर
थकी टाँग से, बेरोजगारी का आलम है
चिंता से तकदीर बेचारा परेशान है
आफत में अस्तित्व ही हिकमत के मारे हैं
जो जीता है रिस-रिसकर
अस्तित्व बोध की तलाश में
भावनाओं की बाँध से रिस घुटता है तिल-तिलकर
नहीं उतरती माँ की छाती से अब दूध
बच्चे कुरुक्षेत्र लेकर आते जन्मों से

हूब लगाने पर भी नहीं मचलती ममता
थन हो गया बवाली दूध हो गई अंतर्धारा
बाहर–बाहर हुआ असार 'जग का सार'
शहर वस्तुतः 'जग–जंजाल'
भारवाही जिन्दगियों की, कंक्रीटों की
पहले से ज्यादा जुनून है बढ़नेभर की
आँखों में छाया सुरूर है चुभन सहने की
सपने नटखट नचा रहे हैं
चंचल मीन–सी नटवर बन
पुतलियों के बीच का गोलक अक्षर से मढ़कर
अखबारी कॉलम पर जोर–जोर से
तीव्रगति से जैसे चक्कर काट रही है
अपने नाम की खोज में हर परिणाम पे ऐसे जता रहे हैं
जैसे कि अखबार व्यर्थ है
उनके पन्ने असमर्थ हैं
उनको एक जगह देने में
जैसे कि रत्तीभर भी रियाया के लिए नहीं है माया–दया कहीं पर
कोई मन अखबार उलट ले, देखे अंतर में प्रविष्ट हो
मुँह को ढँके नहीं पन्नों से
नियति बदल जाती है, पल में गल जाता है
नून त्याग का और घुलता गोबर उछाह का
बहते हैं बरसाती नाले
दिखते मेढ़क टर्र–टर्र करते
सम्मोहनवश जो चलते हैं,
चलते हैं तो ठर्रा पी के
चले दीप्तियों से चुंधियाए
पलक अपलक रहे खुले
माया बंद करने की गरज से उंघियाए।
दे दे बबुआ,
लगे हाथ चूक जाय आँख का पानी
देगा ऊपर वाला, बदले
रहमभरी जज्बात तुझे

तेरा दिया बनेगा मेरे पेट की दवा
मेरी दुआ बनेगी तेरे सर की टोप
भूख की धूप सतायेगी नहीं
यदि मिटाओ चिंता, भूख।
काल भी चुप्पी साधे राह नाप लेता है घमके
ठीक बगल से गुजरे कर पहचान न मुड़के देखे
जैसे हों अनजान दो राही अलग-अलग राहों के
मतलब नहीं किसी को किसी से व्यवहार हैं ऐसे
कुछ दिन पहले तब जो नैन लड़ाते कभी न थकते
गई-गई लठ्ठमारी अब तकरार में बदले लहजे
रह गई जिन्दादिली, जिन्दगी बीच भँवर में फँसकर
आँसू भर-भर रो-हँस लेता किसी और आस में पड़कर
जाने ऐसे कितने बखेड़े होते अनेरे ताक में
दुखवा किससे कहें कि नयना अटक गई तंगहाली से
दारोमदार के ऊपर, शहर कहे कोतवाल से।
शहर अनेरे राहों के है जटिल-जाल में उलझे
सरगर्मी से गर्म हो जाती रह-रह सर्द हवायें
महँगाई डायन के चलते कुनबे रहे निगाहों में
एक डायन के बाण को चुगने में
ही मुर्गे भेंट चढ़े, जाने कितने!
शहर वीरानों के है बने अलंबरदार, कॉटा काढ़े कैसे कोई।
काल की धारा खूसट डायन
क्या कहूँ? जिंदगी की क्या हाल?
लहर देखकर लहर से
निकली लहर पे नाची मछली
लहर पे चढ़ी मछलियों
जैसी फुदक रही है जिंदगी
जो उछली, नाची, गिरकर
पानी में पानी संग बही
धारा-जैसी घड़ी में मीन दीवानी
'ये जिंदगानी'।

हड़ताल और बन्दी

चूल्हा पर बिन चढ़े पतीली, दाल पकी बिन आँच
रोटी की सूरत भी बिगड़ी, किया अजब हड़ताल
भूख की घर्घरनाद टटोले, क्या लक्षित, क्या साँच।
कल-कारखाना हुआ बन्द बाजार में मची तबाही
हाथ से बाहर मूल्य, धरातल से ऊपर पद शाही
जोर-जोर कुकुआकर बोले पेट मगरमच्छों-सा
स्सालों, करो उपाय, नहीं कर खेल महज बच्चों-सा
किया हानि, क्या लाभ कमाया बंद-बूँद से, बाँच!।
रोज-रोज हो बंद का नाटक, भूख न माने बन्दी
उत्पादकता घटे, हो रूद्धित आवागमन,
हो मंदी अस्त-व्यस्त जन-जीवन होता हाथ लगे जो खाक
क्षेत्र-राज्य या देश की होती हालत बुरी, खराब।
कहाँ की बुद्धिमानी सोना छोड़ कमायें काँच॥
सच, हड़ताल के नाम पे कुछ की दाल भी गल जाती है
कुछके हित की खातिर कुछ की मौत प्रच्छन्न गाती है
घर-घर में यम शोर सुनावे रार गरीबी ठाने
रोर करे गृह-कलह-नाश, बुद्धि पड़ी मंद, न माने
बड़े-बड़ों का छक्का छूटता भूख रखे जब धाँच॥

कटी किसानी

कृषि-प्रधान देश में सब उटंग हो गया
मुख्य-धार से कटी, किसानी, दंग रह गया
टर्मिनेट किसान हुआ, लंग-तंग हो गया।
जबसे उन्नत हुई हमारी तकनीकें
तबसे सारे दाँव-पेंच हम हार गये हैं।
जबसे हमने अपनायी उन्नत तकनीकें
कहने को सारी सलाहियत हार गये हैं
सुकून छीन गया, साँसें उखड़ी
अपने दम पर जीने की श्रम की सकूनतें हार गये हैं
जो बाँछें खिलती सावन में वह कार्तिक में हार गये हैं
टर्मिनेटर के प्रयोग से फसलें हमें पछाड़ गये हैं
अन्न बिना ही खिली बालियाँ स्मट का बुखार चढ़ गया।
कितना अच्छा था परम्परा से हम बीज चयन करते थे
सुग्राह्यता बिना ही अपनी तकनीकी तकदीर किये थे
टर्मिनेटर अपनाने को कटिबद्ध हमने अपनाया
बाध्य किया,"अपनाना होगा" कहकर हमने मिशन बनाया
लालच भाया, हमें सताया, सबकुछ छोड़ विचार बनाया
कट्ठाभर में मन के बदले क्विंटल का अरमान हराया
ऋण ले-लेकर खरीदा, बोया, मगर रूला सच भाग्य नचाया
विवशपूर्ण स्थिति, मौत अपनाने को मैं विवश हो गया।
हमने देखा है विकास का सारा किया प्रयोजन, सपना
पूंजीपतियों ने ही साधा सपना-वपना अपना-अपना
सारे सपने, खेल-खिलौने साधन बनकर भरमाते हैं

साध्य मानकर काम्या बुद्धि मृगतृष्णा से तड़पाते हैं
छल–प्रपंच के रूप अनुदान, विकास हमारे रूह कँपाये
किसके खातिर हुई व्यवस्था बात हमें यह समझ न आये
कोषागार से निकली राशि कहाँ गई कोई मीत बताये
स्वार्थ सलोने भाते–भाते कितना घर उजाड़ कर गया।
माना भ्रमवश चाल से अपनी अपनी चाल कुचाल कर गया।
राँड़ हो गई बुद्धि मोसेमात मति, या वहम हो गया?

•••